故事裡的心理學

上

潛意識與永恆少年

諮商心理師
鍾穎 著

推薦序

從故事跨入自己的生命

總還記得跨入心理學的領域時，老師好奇地詢問著為何對心理學有興趣。當時立刻回答因為對人感到極大的好奇，老師接著便建議可以從故事與電影著手，也許可以理解得更深刻。當時未必能真正體會老師的話語，只是覺得想要更深入地探究心理學理論的奧秘，也總以為那才是理解人心的關鍵。可是就在一方面學習課程內容，一方面又不斷地閱讀故事與觀看電影的過程中，慢慢地懂得箇中的深意。也許正因為這樣的緣故，在閱讀《故事裡的心理學》時，不覺眼睛一亮，因為書中將兩者之間的交互影響徹底發揮出來，那像是以故事為經、深度心理學為緯，巧妙地編織著人心的樣貌，甚或是人心可能發展的精采。

這幾年，心理相關書籍席捲出版界的狀態，幾乎可說是達到前所未有的巔峰。那卻也反應著，人心在這急驟變動的時代裡感到不安與茫然。然而，過於艱深的心理學理論，卻往往成為有心人遇到的障礙與挫折。甚或有時成了理論歸理論，生活歸生活的分裂現象。也就是說，研讀之後或許可以說得一口好理論，但卻很難落實到日常實踐之中。抑或者，也有些人對於人心感到敏感與好奇，遂不斷地觀察與反思，可又受限於統整知識的缺乏，所以總很難明確地在心頭形成一種持續的影響力。是故，若能透過故事引起共鳴，然後透過故事的詮釋帶入心理學的意象，當能化解理論與生活的藩籬。更能透過那樣的過程，吸引讀者一次又一次地進入到故事之中，然後透過故事的反饋，反覆地貼近己身的心靈。

作者透過幾本極為著名的故事，勾起閱讀時的一種熟悉感與興奮感，也許正因為那耳熟能詳的情節發展，更能挑起人們的好奇，也更能讓人從故事中跨越到心理學範疇之中。尤有甚者，在剖析故事的過程中，作者常常會帶入其擔任心理師時所接觸的個案情境，那更是讓故事在現實生活中活躍起來。於是乎，故事跳脫了原本的虛幻，也躍出了原本的格局，進入了日常思維之中。那讓原本趨向於聆聽故事的讀者，更願意回身省視自身的心靈。故事，遂能夠成為一面鏡子，不單僅止於讀者的投射，還能映照出心靈的樣貌。

換個角度來看，對於鑽研於理論的讀者，也許透過這種不同方式的引領，能夠看見理論活化的精彩。更有趣的是，那並非是過往藉由實驗、案例來印證理論，而是經由熟悉的故事。故事與案例的不同在於，那所隱含的虛幻性，往往得以讓人卸下心理防衛，甚而在閱讀時拉扯出更多的情緒與投射。而當保留著這些感受轉而跨入熟悉的理論時，往往能形成過往所未曾經驗的衝撞。在那當下，理論不再是理論，而能與內在的心靈發生了極大的共鳴。也在那當下，理論與現實生活有了交錯。故事，成為一個引子，讓人從理論進入自己的生命。

不僅如此，作者以深度心理學作為分析的核心，是故所帶入的四個章節「夢與潛意識」、「永恆少年」、「陰影」、「個體化」，都是心靈成長極為關鍵的課題，卻也往往是現今生活中，人們隱約可以感受到，卻又偏偏很難去面對的課題。而如果藉由心理學理論來理解，可能會過於直接而衍生否定或防衛的機制，那麼也許故事可以是一個緩衝。藉由故事的角色，藉由理論對於故事的分析，最後再回到讀者閱讀故事的過程中，所引發的感受。幾個面向的疊合，當有機會跨越心靈成長中，原本難以跨越的困頓。

尤其是書中從潛意識的角度切入兒童的獨特，到青少年所受到永恆少年原型的影響，再到中年所引發的認同危機，甚或到個體化旅程的精彩論述。深度心理學所討論的，不單單只是如何去貼近與理解成長過程中所經歷的種種，甚至更進一步地去探討如何能活出更完整的自己。透過故事，也許是一面鏡子、也許是一個引子，也許是一個緩衝，讓心理學不再只是書中的知識，而能成為引領觀照自身的法寶。而《故事裡的心理學》所給出的那份切近，更是激活了允許自己成為自己的念頭，也許那才是心理學的初衷吧！

——心理師、書評家／陳立倫

專文推薦

◆每個人的一生，充滿了故事。只是，對其中角色的內心世界，卻是模糊、徬徨又迷惘。這本書，開啟了經典故事的大門，邀約你走進浩瀚的心理學知識殿堂。透過精準的切入點，讓我們看見了，如何成為一個完整又獨特的自己。

——**王意中心理治療所 所長、臨床心理師／王意中**

◆故事是象徵性的迷霧森林，若是經過好的指引，當中的象徵性會順利脫出成為能夠被意識的生命吸收與轉化的營養。這本書呈現了與故事工作的方法，也示範了故事如何溫柔地導引生命，讓象徵性進入意識之中、為生命所用。祝福為我們這樣工作的本書作者，祝福讀到這本書的人，也祝福這本書。

——**FB：阿梅．心的家、《與狼同奔的女人》讀書會帶領人」／黃詠梅**

◆古老的故事是進入我們內心深處的一條重要捷徑，我們常常在看到的故事的表象，而忽略了故事背後真正想要告訴我們的模樣。透過隱喻與原型的抽絲剝繭，我們有機會從不同角度來看一個故事，讓心裡的那個小孩，慢慢像毛毛蟲一樣，作繭、假死、破繭、然後成為一隻美麗而成熟的蝴蝶。

——**心理學作家／海苔熊**

◆「小時候，聽過很多童話故事。直到當了父親，給孩子聽童話故事的有聲書時，才有機會重溫孩提回憶。孩子在聽，我也在聽，越聽越入迷。不同的是，我會帶著心理學的角度去思考，故事中的寓意以及作者的心理狀態。於是，我不得不讚賞《故事裡的心理學》的作者，對那些經典故事的解析，精闢又獨到。原來，故事裡富含這麼多的隱喻；而若能用來做為親子對話的素材，更能夠啟發思考，擴展思維，於是，故事就不只是故事而已了！」

——**諮商心理師、暢銷作家／陳志恆**

◆榮格分析師馮．法蘭茲認為，那些重複傳唱的故事裡蘊藏著人類集體重要的心靈片段，心理學不只在實驗室裡，也在那些古老的童話、神話當中。作者長年深耕深度心理學與存在心理學，並在青少年輔導以及親職教育上有相當豐厚的實務經驗，本書從深度心理學觀點重新考察與解析許多經典故事，萃取出對人類發展重大議題的寶貴洞見，包括成長、愛、孤獨與意義等，我想不論是輔導人員或是一般民眾，在本書中一定能找到扣連你生命的故事。

——諮商心理師、臉書社團「榮格讀書會」創建者／陳宏儒

◆印象中，求學過程裡，從來沒有上過任何理解自己的課。直到當了母親、上了父母成長班後，才開始認識自己，摘下盔甲與面具，全然接納自己的好與不好。鐘穎老師深度心理學的系列課程，不僅開啟了深入探索內在自我的大門，覺察到自己並不孤單，更看到叛逆的價值與意義。想要深度理解自己與他人的朋友們，千萬不要錯過這本好書！

——人本基金會南部辦公室主任／張萍

◆作者以溫暖且貼近受苦經驗的文風貫穿全書，透過童話的闡述，將榮格等人的深度心理學與實務案例巧妙結合。本書為幽暗　微的靈魂深處，燃起一盞明燈；同時也提供讀者在探訪安身立命的歷程中，有一處解心與寬心的好所在。

——國立彰化師範大學輔導與諮商學系教授、臺灣沙遊治療學會理事長／黃宗堅

◆自童話的從前從前，看人生的現在與以後——推薦給在各個生命階段蟄伏與探索的您，本書由深諳心理知識的鐘穎老師，深入淺出又深入地引領，用深化的理論為核心，以淺顯週知的故事娓娓深入人生的脈絡，讓我們一起從童話面對自己、生命與關係的難題，追尋人生的方向、尋獲兼具童真與成熟的自我！

——蛹之生心理諮商所、諮商心理師／譚慧蘭所長

◆作者不僅是編織者，亦是沖印者，既能把心理學縫進經典文本，亦能將心理學從情節裡顯影還原。原本冷硬的知識，在故事之間往返穿梭，最終磨平了稜角，成為溫潤的指引。

——臨床心理師、作家／劉仲彬

◆作者是任職本市的高中輔導主任，推廣親職教育多年，在處理親子問題上非常用心。他的講座內容常以知名的文學作品為藍本，運用心理學的知識層層分析，一直以來都很受到家長與民眾的歡迎。書中內容更是有趣深刻，原來這些經典故事可以被這樣理解，非常值得關注教養的朋友來閱讀，相信每個打開本書的老師跟爸媽都會跟我有一樣的想法！

——高雄市政府教育局局長／謝文斌

貳：導讀　永恆少年

《彼得潘》——拒絕長大的孩子

序

本書是由「故事裡的心理學」系列講座中的內容改寫而成，它的對象是那些受困於親子教養、中年危機，還有自我整合的家長與大人們。因為傳統宗教的教條傾向，以及當代哲學的瑣碎化，當代人在面對生命意義的問題時失去了求教的對象。很少人知道，心理學有兩個別名為「深度心理學」和「存在心理學」的分支。這兩個學門大量關注著死亡、意義感、愛、孤獨、靈性、分裂與完整等議題。因此我才在校園內開設了這個講座。

直到出版社聯繫我之前，我都未曾認真想過將它們出版的可能性。一來我早將全文分享於個人的粉專，二來是我更有義務幫助那些來到我眼前的父母與民眾，他們的夢境、兩難與親密關係的挫折是我的首要關切。

在浩瀚的書海中，這本書有什麼特別的地方值得放上讀者的書架呢？在修改本書時我常這樣問自己。答案來來去去，但總是環繞著一個中心，那就是我對故事的理解都是緊扣著「個體化」而發的，亦即故事中的男女主角是怎麼樣成為一個獨特而完整的人。我相信這不僅是人生意義問題的解答，同時也是每個人一生的追尋。不論成功還是失敗，我們都是個體化之路的同伴，共享著相同的困境與關切。

書裡的內容大部分是我個人對故事的詮釋，但有幾位前輩治療師的作品也很值得參考。當中最重要的，就是我所尊敬的日本心理學家河合隼雄，他的文筆溫暖真摯，淺顯易懂，足以啟發每位父母與老師。其餘我會在書中陸續介紹，此處暫且不表。謝謝楓出版社編輯陳依萱小姐的邀請，你的專業與文字能力讓我自慚形穢。謝謝曾經蒞臨講座的每個夥伴與爸媽們，你們是催生本書的共同作者，更是我在育兒路上的老師。謝謝即將翻開本書的你，期許這本書能給你乾渴的靈魂一帖沁人肺腑的清涼。

最後，謝謝我的父母與家人，雖然你們不知道我在忙什麼，但沒有你們包容我反骨式的天馬行空和生涯路上多次自找麻煩的行為，我就不會成為現在的自己，年紀越長，我越珍惜我們一起度過的苦樂與寒暑。

愛智者

前言

如果說神話是眾人的夢，那些耳熟能詳的故事也同樣如此。不管長大後我們去了哪裡，過著怎樣的生活，從而遺忘了從前多少人事物，那些我們年幼時聽過的故事、看過的書，卻怎麼也忘不了。我總認為，那些我們視之為童話或兒童青少年文學的故事至少向我們提供了兩座橋梁——一座通往我以外的他人，一座通往內心的自己。

因為這些故事具有普世性，我們可以輕易在日常生活窺見和反思這些劇情與角色，他人甚至也能夠對我們的感觸心領神會。例如拒絕長大的彼得潘與快活的永無島，內心住著惡魔的化身博士以及勇敢跳下兔子洞的愛麗絲，和想念家鄉玫瑰花的小王子。

從深度心理學（亦即研究潛意識心靈的心理學）的角度來看，這些人物與劇情無疑具有「原型」的性質，也就是人類代代相傳的心理特徵，所以這些故事才能在那麼多的書裡脫穎而出，被大家所喜歡與牢記。那些人物與事件經歷既是外在虛構的劇情，也是我們內心本有的人格與風景。它們揭示的不僅是當時身為孩童的我們，應當如何勇敢長大，同時更教會我們明白邪惡本自固有，面對恐懼該採取什麼態度。

作為一位輔導人員，我發現用這些故事來教導心理學不僅深刻有效，還總是能引起共鳴。因此我挑選了幾篇兒童及奇幻文學的故事，作為每個大人用來瞭解自我及家中孩童的引子。希望能透過這些故事，讓每個困惑於成長及教養的成人，能有機會用嶄新的眼光來重新看待那些我們早已熟悉的事物、他人、與自己。

為了幫助讀者瞭解深度心理學的概念，我依照童年、青少年、中年，以及老年的順序，依次介紹在這些階段中值得我們學習的心理學知識。它們分別是：

1 夢境與潛意識——（孩子如何跨越至青春期）
2 永恆少年——（青少年期的重要原型）
3 陰影——（中年危機的首要功課）
4 個體化——（人生下半場的最終追尋）

同時，每個主題都用兩至三篇故事做引子，希望這樣的編排能逐步使人深入自己的心靈。此外，為了方便讀者學習，特地在專有名詞出現的地方都設計了「深度心理學小學堂」加以補充，希望本書能達到推廣深度心理學的目的。

你可能會發現，越後面的章節分量越多，那是因為在中年之後，隨著死亡焦慮的現身，我們的後半生將遭遇前所未有的意義危機，這使得我必須用較多的內容來討論我們人格最終的整合之道。我所喜愛的深度心理學與存在心理學（亦即研究意義、孤獨、死亡與勇氣的心理學）之所以迷人正在此處，因為它們關切著人的整體，勇於將眼光望向實驗室外的生活，這是當代許多把人性簡化為生化反應的學院派心理學家所不願做的。

正是在這樣的簡化裡，心理學喪失了引領現代人觀照自身的能力，而這本是心理學的任務。心理學是人的心理學，不是大腦的心理學。人不只是被動的生化反應，我們的選擇也塑造了自己。正是在這樣的拉扯矛盾中，人性被推到了一個同時具備崇高以及悲劇性的位置。也因為如此，我誠摯地邀請每個大人能跟我一起用深度及存在心理學的眼光重讀一遍書裡的故事。

內文的故事在國內均有譯本，這是我刻意挑選後的結果，目的是方便讀者能找到原著。還請正在閱讀本書的你能夠記得，我的分析只不過是一種角度，甚至說不上是最好的角度，只有你的詮釋才適合你自己。話雖如此，我的詮釋卻是緊緊依著人最終的整合而發的，這也是一直以來我看待童話與傳說的方式。受益於粉專讀者、講座聽眾與課堂學生的回饋，我深信，完整是人一生的追尋。如果你能從本書中得到一窺心靈家園的契機，這不僅是我的企盼，也是我的榮幸。謝謝你選擇打開了這本書，我相信書中所寫不會讓你失望。

導讀

壹：夢境與潛意識

夢是進入潛意識的通道，也是後者展現自己的窗口。雖然有許多人試著替夢境理出邏輯，但咸認最為知名的則非精神分析創始人佛洛伊德莫屬。他相信外顯的夢境經過了相當程度的扭曲，而且主要反應著性的情結。他的學生，也是分析心理學的創始人榮格則將人類的意識再向下挖掘，直至古老的黑暗。榮格相信，夢境裡蘊含著潛意識的智慧，它不是佛洛伊德說的那樣，只是意識的垃圾桶。夢想傳達的就是它如其所是的樣子，更多時候是一種生

深度心理學小學堂 01：潛意識

有別於一般的心理學，深度心理學是研究「潛意識」的心理學。什麼是潛意識呢？據奧地利心理學家，亦為精神分析創始人的佛洛伊德所說，潛意識是隱藏在意識底層的心靈，裡面儲藏著個人的早年經驗以及遺忘的情緒和記憶。對瑞士心理學家榮格來說，潛意識則是心靈的母體，裡面儲放著人類的集體經驗，遠遠超過個人的層次。

活態度的補償，只是意識層面的自我不見得能解讀它的語言罷了。

如實地說，他們兩人都成功解讀了夢境的某些元素。夢確實如佛洛伊德所認定的有所扭曲，但其情節基本上接近榮格的見解，也就是潛意識的提醒與補償。易言之，解夢確實有其基本原則，但當中的例外並不比原則少。或許可以說，心靈的疆域有多大，夢境的可能性就有多大。

心靈的三個層次

佛洛伊德認為，人類的心靈至少可以分為三層，後代的心理學家則以冰山代為譬喻，浮在海面上肉眼可見的部分是我們的意識，它只佔了整體心靈約十分之一；在冰山以下的是潛意識，佔了絕大部分，主要是被意識層面給壓抑的衝動；而在海平面上下浮沉的是兩者的中介處，稱為前意識，它是潛意識衝動進入意識的入口與守門人，目的是保護意識不受潛意識內容的入侵。榮格則認為，在個人潛意識底下還蘊藏著更古老的意識，是為「集體潛意識」，它是人類數萬年來世代留傳下來的心理沉積。集體潛意識中的「自性」（亦即人內在本質性的自我）嚮往著完整，同時也蘊含了各種需要被辨認的原型。

夢境就是潛意識的產物，包含了個人潛意識的情結，以及集體潛意識的原型。要想接觸這兩者並不容易，但是不代表潛意識不想溝通。事實上，它們在每個夜晚都會透過夢境跟我們說話。我們需要的是一把具有想像力的鑰匙，還有一個有趣的機遇，例如一隻會說話的兔子，或者半夜敲了十三響的老鐘。

本單元介紹的第一本書《愛麗絲夢遊仙境》就是一個好例子。它是一本「醒著」的書，意思是作者有意寫就的，但卻意外地很能說明潛意識的運作方式與解夢的原則。更可貴的是，它的呈現原則有著孩子氣的天真，那是已經社會化的大人喪失許久的眼光。在那樣的眼光裡，我們有著看待世界的不同方式。

深度心理學小學堂 02：原型

原型是榮格提出來的觀點，他相信人的集體潛意識裡包含了許多原型，著名的有人格面具與陰影、阿尼瑪與阿尼姆斯，及最重要的「自性」等等，關於它的定義我們文後會再說明。「原型」指的是人類代代相傳的經驗，它像本能一樣，會經由遺傳而在每位個體身上延續下去，舉例來說，因為有各種情緒的原型，所以即使在語言不通的情況下，人們仍可藉由表情與肢體動作瞭解他人的感受。

PART — 1

《愛麗絲夢遊仙境》

童年的自我懷疑

01

掉下兔子洞——打開潛意識之門

故事梗概

愛麗絲陪姊姊坐在河邊，姊姊在看書，她無事可做，突然間看見一隻穿著背心掏出懷錶的兔子，牠自言自語地說：「糟糕！糟糕！我快遲到了！」好奇的她於是跟在兔子身後跳進了籬笆底下的大兔子洞。要不是井很深，就是愛麗絲掉得很慢，因為她一面下降，還可以一面從容地往四周看，猜想接下來會發生什麼事。時間太久了，她甚至覺得有點睏，還做了一個夢。突然間砰砰兩聲，掉在一堆乾草堆上。

好奇心是潛意識的鑰匙

奇遇總是發生在毫不起眼的時刻。它像是日常世界的縫隙，在沒有準備的情況下發生。比起大人，孩子更能掌握到這種瞬間。想想看，如果是大人碰見了穿著衣服還

「糟糕糟糕！我快遲到了！」如果是你看到這隻會說話的兔子，你願意跟著牠往洞裡跳下去嗎？

會說話的兔子，是否能鎮定地跟著牠往大大的兔子洞裡跳呢？我想多數人的第一個感受應該是驚嚇吧！但孩子卻很少被這種不合常規的事情給嚇倒，所以他們會挑釁似地穿著新衣在地上打滾，翻撿垃圾桶裡的東西當玩具。他們不僅不會等待奇遇發生，甚至會刻意地「創造」屬於自己的奇遇、大人的難題。愛麗絲想也沒想就跳進了兔子洞，因此我們可以說，是「好奇」為我們打開了連結正常世界與異世界的入口。

然而怎樣的孩子才能擁有健康的好奇心呢？答案是：有安全感的孩子才行。

規矩是保護也是限制

與一般人所想像的不同，一個缺乏足夠安全感的小孩反而會怯於探索環境。因此愛麗絲一定是個有安全感的小孩吧！所以她才會想也沒想，就跟著會說話的兔子跳進了

河合隼雄（1928-2007），日本的榮格分析師。他擅長用簡單的話語表達心理學的概念，本書深受其啟發，他有許多關於兒童文學及童話分析的著作，目前也都有了中譯本，值得家長及老師們閱讀。

洞裡。用心理學的角度說，兔子洞就是意識與潛意識的孔道。孔道的出現是為了確保我們能夠安全地前往陌生的地方，同時又得確保我們能夠回來熟悉的世界。以這本書來說，兔子洞是只能入不能出的孔道，或許依照心理學家河合隼雄的說法，稱呼它為「入口」比較準確。但這也說明了跨界本身的危險，不是每次跨界都能成功返回的，成長是如此，深入潛意識亦如是。那些不能成功返回的孩子或大人，或者深陷虛擬的網路世界，或者過度認同現實面而喪失了純真。所以邊界不僅是限制，同時也是一種保護。在教養孩子的時候，我們要清楚掌握這一點。今天我們立下的規矩，是為了保護他，還是限制他呢？能把這一點思考清楚的父母，想必會成為成功的父母。

手機：反覆開啟的兔子洞

兔子洞很長，長到愛麗絲竟然可以一邊墜落、一邊胡思亂想，甚至打盹作夢。我們可以把它想成人的轉換期需要一段不短的時間。但我覺得更有意思的想法是，那麼長的通道，單純意味著距離，兔子洞深深地隔絕了意識所熟悉的世界。如此一來，愛麗絲所經歷的奇遇才可以用一種無害的方式來看待。而手遊與電玩的普遍之所以會帶給大人們很深的疑慮，就是因為擔心孩子與青少年混淆了真實與虛構。真正的人生不可能重來，但手機遊戲卻向使用者反覆確認從頭來過的可能性。但換個角度想，他們之所以耽溺在電玩提供的幻想世界，不正是因為現實人生殘酷地切斷了想像力所造成的嗎？乾枯的靈魂渴望著神話、傳說與故事，大人若總是對孩子鄙視這些東西的價值，靈魂只能在死亡與反撲中擇其一了。

故事梗概

愛麗絲從乾草堆中站了起來，試著趕上兔子。但一個轉彎，兔子已經不見了。眼前只剩下一個又長又低的大廳，四面都是門，但卻鎖住了。玻璃桌上有把金鑰匙，但它只能打開一扇小門。即使打開那扇門，愛麗絲也過不去。她透過門孔看見門外有一座從沒見過的可愛花園，愛麗絲心生嚮往。突然間，桌上出現了一個小瓶子，寫著「喝下我！」（剛剛明明沒有的。）她大膽地喝了一口，竟然縮小了，大小剛好可以走過小門。愛麗絲想要趕緊進入花園，但她卻把鑰匙忘在桌上，變小後的她拿不到了。沒多久，她又看見桌下有一塊小蛋糕，上面寫著「吃下我！」吃完後的她馬上就變大了。

夢境的「超越功能」

許願，就能實現！佛洛伊德提出了著名的夢境公式：「夢是願望的滿足。」當愛麗絲被門外的花園吸引，想要進去一探究竟時，魔法藥水就出現了。易言之，潛意識是大方的。它樂於給我們解答——只要我們願意祈求。許多人都有過這樣的經驗，長久苦思得不到解答的難題，在夢境裡得到了指引。榮格將它稱為「超越功能」。這種現象曾出現在許多科學家的回憶錄中，例如德國化學家凱庫勒就是因為夢見一條咬住自己尾巴的長蛇，從而驚覺這就是困擾學界多時的苯分子結構，他醒後大喊：「我知道了！苯分子是環狀結構！」著名的物理學家波耳也是在夢裡發現了原子的模型結構，這種例子多得不勝枚舉。因此榮格得出結論，治療師不能過早地解除病人的身心症狀，因為在具創造力的解方出現前，身心必須經過難熬的衝突與拉扯，源自潛意識的超越功能才會現身。

然而就在藥水出現後，難關也跟著出現了，那就是愛麗絲忘了拿鑰匙。看來要進入潛意識心靈的花園必須歷經各種考驗，作者無意間也採用了這種做法。因此愛麗絲的冒險還得繼續下去。

大廳四面有好多門，可是都上了鎖。後來她發現一片先前沒注意到的矮布簾，後面有一扇小門，她把鑰匙插進去，哈！不大不小，剛剛好！

02

「我是誰？」與渡渡鳥——自我的界定

故事梗概

吃下蛋糕後的愛麗絲越變越大，雖然拿得到金鑰匙開門，人卻出不去了。她哭了起來，眼淚將腳下淹成一座池。不久後，兔子又出現了，喃喃地道：「遲到了那麼久，公爵夫人不殺人才怪！」愛麗絲想要求助，但當牠看到巨大的愛麗絲就驚嚇得逃跑了。愛麗絲自顧自地說著：「乖乖！今天每件事都真古怪！昨天事情還滿正常的，是不是我昨晚變了？讓我想想看：今早起床的時候，我是不是原來的樣子？感覺真的好像有點不一樣。可是，要是我變了，那接下來的問題是：『我到底是誰？』啊，這個謎題可難了。」

「大家都贏了！人人有獎！」這句話後來被稱為渡渡鳥判決（Dodo bird verdict），心理學家用來說明所有的心理治療方法都一樣有效，重點是諮商關係的品質。

與現實疏遠的危機

夢境很容易讓我們失去自我感，因為我們既是造夢者、演員，又是觀眾。意識的自我無法洞悉潛意識的安排，甚至會深深地相信自己在夢境裡面的角色與劇情。性別交換、死者復生、古今對調，這些醒來後再明顯不過的瑕疵在夢境裡卻讓我們深信不疑。愛麗絲在這場夢裡經歷了十二次的身體變化，彷彿像照哈哈鏡一樣，身形可以被任意扭曲拉長、放大縮小。在我看來，這是意識自我逐漸喪失認同的警訊。當我們在潛意識裡待得越久，自我將變得越缺乏力量。正如同手機或網路遊戲的使用時間越長，我們越難以自拔一樣。網路成癮的問題時有耳聞，連帶而來的拒學問題及其背後的潛意識心理因素，我在附錄裡的《浦島太郎》中另有專文說明，歡迎讀者參考。

存在心理學認為，意識具有超越的性質，它的焦點永遠朝向外部。所以我們的自我其實需要透過與環境互動來自我界定，否則我們將會失去認同的根基。想想那些不再上學的孩子，那些失業之後拒絕出門的成年人，與環境的疏遠往往會給他們的自尊與認同帶來再次地削弱，因為意識失去了關注的對象，從而也失去了自己。

故事梗概

愛麗絲拿起了兔子丟下的扇子，身體又慢慢縮小，竟讓自己淹沒在眼淚池裡，眼淚池裡擠滿了掉落水裡的動物，他們一起游上了岸，七嘴八舌開起會，還在渡渡鳥的主持下比起了賽跑。比賽的規則不是很清楚，渡渡鳥認為做比說重要，所以先畫出了跑道，大家想站哪裡就站哪裡，沒有人喊「一、二、三、跑！」想跑就跑，想停就停。大家就這樣胡亂跑了半個小時，渡渡鳥突然喊「比賽結束！」於是大家圍住牠，喘著氣問：「到底誰贏了？」渡渡鳥想了很久，「大家都贏了！通通有獎！」更荒唐的是，動物們的獎品還得由愛麗絲來提供，她拿出了口袋裡的糖果當獎品發給大家，自己則被榮頒了一枚自己的頂針作為獎勵。

青春期的迷惘，亦是成熟的養分

沒有規則就是夢境的規則，重點不是荒謬，而是接受。成人的世界喜歡區分高低，但在原始的潛意識裡，世俗的價值觀可不見得行得通。身為主席或裁判，渡渡鳥顯然不夠格。這可把小愛麗絲搞糊塗了。在我來看，榮頒頂針是對愛麗絲人格的肯定，因為這件事結束之後，大廳、玻璃桌、小門通通不見了，她重新看到了兔子與一棟小屋。用心理學的角度來看，被當成獎品的糖果象徵著孩子的口腔期慾望，而眼淚池裡的各種動物則是我們內在的原始本能，至於帶著懷錶的兔子則是位於潛意識的原始本能與意識之間的中介。

易言之，這段劇情代表著愛麗絲潛意識裡的動物性本能正在逐漸社會化，愛麗絲是跟著懷錶兔而來的，卻一度跟丟了牠。經歷過身體的變形之後她落入了潛意識的更深層，與代表本能的動物們相遇。頂針是獎品中唯一與基本生理需求無關的人造物，它被重新送給了愛麗絲，這項舉動表示潛意識肯定了她意識中的自我，因此動物們消失，懷錶兔重新出現。也就是說，她透過夢境進入深層的潛意識裡繞了一

深度心理學小學堂 03：退行

榮格認為，我們認為的「退化」並非沒有益處。當事人在此時經驗到的失去活力、無意義和迷惘失序的生活，反而可能是新人格賴以誕生的孕育期。孕育期中究竟發生了什麼，無人能知曉，但治療師必須帶著信心守護當事人。所以榮格希望治療師不要過早介入、移除症狀，這可能會打斷潛意識的復原歷程，因此才稱之為「有益的退行」。

圈，現在又跟著兔子稍稍浮向了潛意識的表層。這樣的過程，在深度心理學裡稱為「退行」，它對人格的成熟有幫助。因為它使當事人有機會沉澱原有的迷惘與失落，進而建立新的價值觀。因為這個有益的退行，她將迎來四次的自我確認。

03 尋路——自我的第一次確認

故事梗概

愛麗絲被兔子當成女傭，走進了小屋子，喝下桌上飲料的她又變大了，把整間房子都給撐滿。兔子還在外面喊她，叫她快把手套給拿來。著急的兔子跟他的僕人蜥蜴比爾都被卡在門外進不來，只好拿著石塊拚命往裡扔，沒想到石塊落到地上後全部變成了蛋糕，愛麗絲已經知道這個地方的每樣東西都很古怪，於是吃下蛋糕，果然讓自己變小了。逃出小屋子後，愛麗絲為自己立下了目標：「第一件要做的事就是變回原來的大小，第二件事，就是找路到那可愛的小花園裡去。」這計畫訂得很好，問題是：「該往哪裡走才對？」

然後她遇上了一條藍色的大毛蟲，牠靜靜地抽著土耳其水煙筒，兩人對望了好一陣子。終於，牠慢吞吞、懶洋洋地問愛麗絲：「你是誰？」愛麗絲畏縮地回答：「我……我現在也不知道，先生……早上我起床的時候，還知道我是誰，可是後來好像變了好幾回。」毛毛蟲嚴厲地要她解釋清楚！愛麗絲回答：「先生，我自己解釋不來，因為我現在不是我自己。」她試著向這條藍色的大毛毛蟲解釋，這感覺好比牠有一天突然變成蛹，又再變成蝴蝶那樣奇怪。但毛毛蟲卻說：「一點也不會。」

長大後的我，還是我嗎？

對毛毛蟲這樣的生物來說，蛻變並不令人意外。牠們生來就要經歷「完全變態」，但人卻不是。我們只是慢慢長大，慢慢變老，不完全相同，但有著部分的相似。在這樣漫長的時光中，我們缺少一個外在的提醒，讓我們認知自己真的長大了、不一樣了。然而愛麗絲的身心卻在夢境裡經歷了很大的變化，因此她狐疑著「我現在不是我自己」。

很多孩子在長大的過程中都有這層疑問。童年期要跨越進青少年期時，我們會經歷一些內心的騷動。這樣的騷動主要跟性和權力有關。性賀爾蒙改變了我們的身體，同時也讓我們對原本的異性玩伴產生了以前沒有過的衝動跟好奇。孩子們對人際運作中潛藏的權力關係也開始敏感起來，公平、正義，以及誰有權決定規則是什麼模樣，背後蘊藏的各種可能性也開始浮出水面。小愛麗絲的年紀，就處在這樣的階段裡。即

毛毛蟲與愛麗絲的對話道出了孩子對長大的疑惑。「你想變多大？」牠問道。「噢，倒不一定要多大，」愛麗絲急忙回答，「不過，人總不喜歡老是變來變去，你知道。」

將邁向青春期的孩子確實是最難應對的。

正是為了應對這樣的困難，我們的祖宗才會發展出「成年禮」的儀式，不論男女，到了特定的年紀後，通常在七到十三歲左右就會被賦予某種任務，例如狩獵與高空彈跳，或被要求脱離父母的照顧，去到公廨與其他成年男性同住等。髮型、服飾也會因此轉換，用來標誌當事人已經不再是個孩子。然而近代以來成年禮卻消失了。對少女來説，經期的出現是大自然本身的提醒，提醒她已有孕育生命的能力；但對青少年而言就很模糊了，由於身體本身的變化程度相對不大，男性必須透過其他方式來證明自己，這或許可以説明青少年何以會表現出更多反抗或挑釁的行為。

毛毛蟲消失後，愛麗絲又遇見了鴿子，離開鴿子後她遇上了公爵夫人和她的嬰孩小豬。他們之間出現的仍是夢境裡常見的、不合邏輯的互動。詳細的過程就請讀者自行閱讀。我想，不論以教養還是心理學的視角來説，重點都應該放在那隻嘴笑得很開的柴郡貓。

故事梗概

愛麗絲問牠：「請告訴我，我該往哪邊走？」貓說：「那得看你想去哪裡。」愛麗絲說：「我不一定要去哪裡。」貓說：「那走哪條路都一樣。」「……只要能走到什麼地方。」愛麗絲又補充了一句。貓說：「喔，沒問題，只要走夠遠，一定到得了什麼地方。」

讓孩子探索自己的人生路

很少有哪段話能這麼清楚地道出人生的困惑。愛麗絲模糊地知道自己已經不一樣了，而且必須到什麼地方去。但她卻像每個少年、少女一樣，並不知道「那個地方」在哪裡。柴郡貓的回答頗富深意，如果是這樣子，「那走哪條路都一樣」，如果目標只是要到某個地方的話，甚至「只要走夠遠」就好。魯迅曾說：「希望本是無所謂有，無所謂無的。這正如地上的路，其實地上本沒有路，走的人多了，也便成了路。」看來潛意識裡不僅只有莫名其妙的本能衝動，同時也蘊藏著發人深省的智慧，如同榮格斷定的那樣。路長在哪裡？其實就長在我們的腳底下。孩子跟我們一樣，都只需要一點勇氣、一點信心，在我們的陪伴下堅持著走下去。

貓在深度心理學裡象徵著女性的神祕面，牠是埃及女神芭絲特（Bastet），在本書下冊《黑貓》這篇故事中我們會再分析牠的象徵意義，這裡要先提醒讀者的，是注意柴郡貓的現身對身為女性的小愛麗絲來說相當關鍵。因為牠在這裡無疑象徵著愛麗絲接通了自己內在成熟的女性面向，柴郡貓和愛麗絲打的啞謎有著禪宗公案的性質，牠看似無厘頭的回應其實是要愛麗絲不可受限於既成的假設。重要的不是非得成為某一種符合社會理想的人，重要的是踏實地走在某條路上，而後成為那一種人。

柴郡貓肯定地對她說：「你也是瘋子。」因為「你不瘋，就不會到這裡來。」沒有錯，只有瘋子才會跟著會說話的兔子跳進不知通往何方的兔子洞。但這個「瘋」是從大人的角度來說的，然而敢於迎向意外的勇氣卻是孩子能真正脫離幼稚的原因。長大不代表成熟，那些「乖巧」的孩子只是將成長的關卡往後延罷了。就算順利地出了社會，親密關係裡的種種難題也還在等待他們。相較於後文中象徵著負面女性形象的紅心王后，講起話來顛三倒四的柴郡貓才是愛麗絲這趟奇幻旅程中的心靈引路人。

自我確認對長大中的孩子來說至關重要，因為他們稚嫩的心靈需要連串的肯定才能茁壯起來。愛麗絲在潛行（也就是向潛意識心靈前進）的過程裡如果能拿出勇氣抵擋不當的誘惑（例如下文中的茶會）與要求（例如下文中總是想砍人頭的紅心王后），她就會成為一個擁有健康自尊的青少女。這個過程並非一蹴可幾，而是在一連串的試煉中完成。在這裡，藍色毛毛蟲與柴郡貓幫助愛麗絲對自我進行了第一次的確認。

柴郡貓說，「這裡全是瘋子。我是瘋子，你也是瘋子。」愛麗絲問道，「你怎麼知道我是瘋子？」貓說，「你不瘋，就不會到這裡來。」

04 三月兔與帽匠——自我的第一次確認

故事梗概

柴郡貓消失後，愛麗絲遇見了三月兔與帽匠，他們正在辦茶會。三月兔請愛麗絲坐下來喝酒，問題是茶會上沒有酒。眾人你一言、我一語地，甚至猜起了沒有謎底的謎語。這讓愛麗絲厭煩地嘆了一口氣說，時間應該被拿來做些有用的事，否則太過浪費了。結果帽匠回答，他與時間是老朋友。但自從今年三月與時間鬧翻之後，時間就一直停在六點鐘，所以這個茶會永遠無法結束，只能不停地喝下去，茶杯自然也沒時間洗了。他們央求愛麗絲講故事，卻不斷地以無厘頭的方式打斷她，生氣的她決定掉頭就走，接著她在樹上看見一道門，走進去之後又回到了原本的大廳。這回她謹記教訓，先拿起金鑰匙，打開花園的門，然後再小口小口地咬起蘑菇讓自己變小，她終於穿過了通道，來到了美麗的花園。

背負責任，才能長大成人

毛毛蟲與柴郡貓的提問幫助愛麗絲重新省視了自己。對愛麗絲來說，最重要的縱然不是回家，也必定是進入故事開頭看見的那座小花園。美麗精緻的花園是這場夢境的核心，因為她將在那裡遇見喜歡砍頭的王后，並勇敢地與她對抗。

在她看見樹上的門，並回到大廳之前，路過了三月兔與帽匠的瘋茶會。這個茶會其實是一個來自潛意識的有害邀請，邀請愛麗絲變成拒絕長大的永恆少女，停留在永遠的下午。這是愛麗絲對自我的第二次確認。關於永恆少年、永恆少女的議題，我想把它留在《小王子》和《彼得潘》的故事裡再討論。此處我們只要先回想帽匠的那段話，自從他與時間鬧翻之後，時間就永遠停留在六點鐘。一個不斷被延長的茶會已經從舒適宜人變得令人生厭，滿桌滿地的茶杯沒時間洗（因為時間不動了），他們被迫留在永恆的現在，沒有冒險、沒有責任，什麼也沒有，只有永遠重複的當下。這可不是什麼愉快的體驗，而是一種詛咒。所有可以說的故事都已說盡，因此愛麗絲為他們帶來了拯救——帶來新的故事。

下午茶是人生的點綴，我們都需要時間整理過去，但目的是為了走向未來。卡在永恆茶會中的帽匠與三月兔最後什麼都不會剩下。愛麗絲因為拒絕了這個邀請，所以才獲得重返大廳的機會。

瘋茶會是潛意識的有害邀請，它向我們保證時間可以停留在永恆的現在。但外在的現實可不會就此打住，責任與義務會隨著時間不斷到來，孩子必須學會拒絕這個誘惑。

05

紅心王后——自我的第三次確認

故事梗概

愛麗絲進入了花園，看見了撲克牌士兵，裡頭正在舉辦槌球比賽。槌球是一隻刺蝟，球槌則是一隻紅鶴。不僅士兵是撲克牌，連參加比賽的皇家貴族也是撲克牌。紅心王后是個壞脾氣的人，稍有不滿就會大喊：「殺他的頭！」愛麗絲碰上王后沒多久她就發了一頓脾氣，嚷著要砍掉愛麗絲的頭，愛麗絲毫不猶豫地大聲說，「胡說！」王后馬上靜了下來。國王為她求情：「想想看，親愛的，她不過是個小孩。」比賽開場沒多久，就看見王后跺著腳走來走去，每隔一分鐘就會喊一次「殺他的頭！」大約過了半個小時後，被判死刑的人一個個都被押走了，只剩下國王、王后和愛麗絲，其他人都被判了死刑，帶到一旁等候發落。待紅心王后離開的時候，紅心國王小聲地對大家說：「你們都被免罪了。」愛麗絲被留給了一隻鷹頭獅，她問鷹頭獅在笑什麼？牠笑著說：「還有誰，她，都是她的想像，他們從來沒有殺過什麼人。你知道的。」

內在的「死亡本能」

王后顯然是這個王國最有權威的人，就連國王想否決她的命令也得暗中行事才行。王后的口頭禪是「殺他的頭！」用心理學的話來說，她就是一個黑暗的母親，統治萬物的同時又吞噬掉萬物。王后的存在與這座美麗的花園形成突兀的對比。但愛麗絲卻勇於反駁她：「胡說！」我們可以說，這是愛麗絲對自我的第三次確認。王后跟士兵不過是張紙牌而已，愛麗絲的心裡這麼想，它們確實沒有什麼可怕的。許多權威人物也不過是仰仗著自己的經歷和位置在狐假虎威，究其實，他們不過是把旁人的尊重給當真的紙老虎罷了。孩子總能比起大人更快地看穿這一點。在童話《國王的新衣》裡，揭穿和諧假象的就是個孩子。

現實生活裡多的是這樣的例子，例如職場上喜歡被人叫學長的前輩、看不起這個學者瞧不起那個專家的尋常博士。除了自己熟悉的小領域外，人文社會或自然科普一竅不通，這樣的人往往沒有發展或維持親密關係的能力，因為他們給不出自己。這些人能優遊自在地躲在小辦公室裡自鳴得意，卻沒辦法搬出什麼像樣的東西放上真實生命的檯面。王后也象徵著內心的攻擊性，佛洛伊德索性將它稱為「死亡本能」，其目的是將生命回歸到無機狀態。不過我們或許可以這麼看，到處叨唸著「殺他的頭」的紅心王后，或許是在巧妙地提醒即將長大的愛麗絲要捨棄掉不成熟的自我。

解讀孩子內在的破壞性

死與生的對立一直潛藏在人的心裡，每個有經驗的治療師都知道，如果處理不慎，死生對立的內心衝突就會透過行動外顯出來，表現為破壞或傷害等罪行。有時孩子並不是為了什麼具體的原因想要打破規則或挑釁師長，純粹只是內心有股說不出的衝動。這個衝動如果向自己發洩，往往會造成自我傷害或不可挽回的憾事。以愛麗絲遇上紅心王后為例，如果她不能果決地對王后說出那聲「胡說！」那麼她的意識終有一天會禁不住王后這個黑暗母親的誘惑而想要殺了誰的頭，我認為這是造成傷人或者自傷的深層因素。經過了三次的自我確認，愛麗絲將會前往法庭，帶著美好的回憶離開這個夢境。

對我來說，這個殺頭或割喉的內在聲音如前所述，象徵著對幼稚自我的放棄，這幾年，國內出現了幾起這樣的殺童案，加害人似乎就長年受到此種聲音的命令，帶給他極大的壓力與困擾，最後他們順從了這個聲音，導致了震撼社會的結果和悲劇。如果他們周遭有專業人士可以好好地為他們詮釋這個聲音的意義，可能會帶來不一樣的結果。前面提到，這個聲音源自死亡本能，但同時也被設想為內心的黑暗母親對我們意識自我的吞噬。母親本是一個保護性的意象，但她同時也與吞噬（拒絕孩子反抗和成長）的意象相連。對此意象的反抗，將是孩子長大成人的重要關卡。

深度心理學小學堂 04：死亡本能

佛洛伊德認定，人的潛意識有一種被稱為「性欲力」（libido）的本能，目的是用來繁衍後代和自我保護。但一次大戰的經歷卻讓他注意到人的內心似乎還有另一個想要回歸死亡狀態的傾向，破壞性的衝動由此而來，他命名為「死亡本能」，來與先前的性欲力（亦即生命本能）相對。

06 法庭——自我的完成

故事梗概

法庭是這本故事的最後高潮。她和鷹頭獅遠遠地聽到「開庭啦！」就被後者帶到了法庭去。待他們到達的時候，紅心國王和王后已經坐在王座上，動物們與紙牌士兵也在那裡。陪審員們忙著寫上自己的名字以免忘記，讓愛麗絲生氣地高喊「笨蛋！」陪審員因此寫下了笨蛋兩個字，但因為不是每個人都會寫「笨」這個字，所以交頭接耳地詢問這要怎麼寫。這次審判主要是針對紅心傑克偷了紅心王后做的餡餅而召開的。傳來的證人包含了帽匠和三月兔，國王命令他們不准緊張，否則就要處死！就在這時候，愛麗絲突然有一種感覺，她的身體又長大了。王后則是急著要砍證人的頭，整個法庭一陣混亂。這時卻聽到法庭傳喚的下一個證人是愛麗絲。愛麗絲在混亂中已經長得很大，因此國王宣布身高超過一英里的要退出法庭，不過愛麗絲卻指控這是國王臨時亂編出來的。不管怎樣，傑克已被宣布有罪。愛麗絲再度抗議，因為王后說要先判決、再裁斷。這完全顛倒了審判的順序。

王后氣得叫愛麗絲閉嘴！愛麗絲說：「我偏不！」王后尖聲叫道：「殺她的頭！」但是沒有人動。愛麗絲說：「誰怕你！你們不過是紙牌！」這時整副紙牌都飛向了空中，向她撲過來。她尖叫一聲，用手將紙牌撥開，卻發覺自己躺在河邊，頭枕在姊姊的腿上，姊姊正在幫她撥開掉在臉上的枯葉。

質疑也標誌人格的獨立

法庭的審理過程讓我們聯想到卡夫卡的《審判》，只是愛麗絲所在的法庭更為滑稽。我們或許可以把整場審判視為由紅心王后代表的毀滅衝動正透過不合理的審理程序來發洩。佛洛伊德認為，夢工作（dream work）有四種機制，位於最後一道關卡的修飾作用負責將潛意識中沒有章法的表現方式稍加整理，讓它具有一個表面上看似合理的劇情，維持夢境的基本邏輯與順序。審判即是這樣的修飾。審理的當下，愛麗絲的身體逐漸長大，國王想要將她逐出法庭卻被愛麗絲給拒絕了。易言之，她拒絕從她的人生裡缺席。這是愛麗絲對自我的第四次確認。

我們知道，所有真正有意義的行動都出現在第四次。我們會喊：「一、二、三，跳！」跳正是第四個行動。中文裡常講「再三思考」，那麼行動是排第幾呢？也是第四。

四對應著東南西北四個方位，是曼陀羅劃分空間的基本形式，天圓地方，前者對應著自性的完整，後者則對應自我的意識。我們說過，意識具有超越性，它總是向著外界的。它的功能是區分，將自己從漫無邊際的潛意識中獨立出來，它會不斷地透過學習來確認自我的存在。小愛麗絲這場夢境裡的奇幻旅程因此標誌著她人格的獨立，她將從蒙昧的童年期走向成長。她質疑整場審判過於荒謬，這件事本身也值得注意，如果你仔細看過故事，就會發現小愛麗絲自己腦袋裡的想法也常常顛三倒四的，並不比這場審判好多少。

反抗意味著個人力量的茁壯

因此當她能夠瞭解審判的荒謬時，她意識的自我就已成長了起來。她不僅質疑這場審判的合理性，甚至反抗了王后的殺頭命令，她說「誰怕你！你們不過是紙牌！」看來她很清楚自己擁有什麼力量。愛麗絲的身體已經變得很大，不再畏懼王后和她的士兵，這象徵著她已成長的自我得到了獨立性，能夠有力地對抗內心具破壞性的衝動。易言之，能夠拒絕內心黑暗母親要求她不准長大的命令。

夢境是潛意識的語言，作為潛意識與意識之間的管道，這場夢提供了愛麗絲不多也不少的冒險。不僅是孩子，大人也是一樣。榮格說：「沒有愚蠢的夢，只有愚蠢的人。」只要願意留心，並正確解讀夢境，我們就能從中得到成長及修正人生方向的啟示。如果環境能夠提供給孩子剛剛好的挫折，那麼孩子就會長大成很棒的大人。讓他們不會太自卑膽怯，也不會太自以為是。我想這是許多孩子喜歡這本書的原因。

故事梗概

醒來後的愛麗絲閉著眼睛回想，讓自己又回到夢境裡。她夢見小愛麗絲抱著雙膝仰望著她，她閉著眼不動，好像自己身在奇境裡，她知道只要一睜開眼，就會回到乏味的真實世界。她想像自己慢慢地隨著時間長大，還一直保留童年純潔的愛心，把小孩招呼到身邊，聽她講奇奇怪怪的故事，她會和小孩共享單純的煩惱和單純的歡樂，心裡一直記得她的童年生活，還有那快樂的夏日時光。

如果能看穿恐懼，往往會發現那不過是不起眼的東西。夢境結束之前，愛麗絲內在的自我已經成長起來，比起開頭她必須仰賴外在的兔子洞，現在她憑藉自己就能創造離開潛意識的孔道。

同時保有童真和現實感，是成熟的關鍵

最後的描述非常有意思。愛麗絲幻想著內心的小愛麗絲重回奇幻的夢境，幻想著長大後的她仍能不減童心，與孩子們共享煩惱和歡樂，並永遠記得這個快樂的夏日時光。也就是說，醒來後的她意識到自己長大了！但內心的小愛麗絲仍在，仍然可以是她的憑藉。這種雙重的意識正是成熟的關鍵。長大的難處就在於我們要割捨內在幼稚的自我，但同時不能喪失童稚之心。多數的我們或者選擇這一個，或者選擇那一個。也就是說，我們或者變得過度認同成人社會的運作法則，或者乾脆拒絕長大，鄙視現實世界的一切。能夠同時保持純真又謹慎慧黠的只是少數，卻是令人羨慕的少數！

深度心理學小學堂 05：夢工作

佛洛伊德在 1899 年出版了毀譽參半的《夢的解析》，在此書中他提出了潛意識的概念與解夢的原則。他認為，夢境的製造過程有四種程序，他稱為夢工作。分別是：凝縮作用、轉移作用、具象化作用、修飾作用。如何將夢還原為真正的意涵，是分析師的重要工作。

結語

愛麗絲的奇遇是由勇氣開始，由勇氣結束的。這場詭異的奇妙夢境不是別的，正是小愛麗絲的成長之旅。在青少年這個令人困惑的階段裡，如何同時保有兒童的天真又不畏懼面對真實世界的壓力，是每個孩子都會面臨的兩難。愛麗絲在這場夢裡，通過了各種考驗，這才使她拋棄了原本幼稚的自我，從而成為獨立的少女。太過看重理性的大人是無法讀懂這本書的。看似無稽的夢，卻是通往潛意識的入口。可不要看輕那令人陌生的心靈！在那裡，黑暗有之，光明有之，沉迷有之，智慧亦有之，端看我們怎麼跟那萬花筒似的繁複意象應對。看看愛麗絲面臨的挑戰就明白了，長大絕非易事。希望父母師長們也都能藉此回憶起我們小時候的樣子。兒童故事總是支持著孩子，用一種大人不見得明白的方式。或許這樣的解說也對各位身為大人的讀者們有益處吧？

PART — 2

《湯姆的午夜花園》

成長之路的人際關係

潛入夢境

如果說《愛麗絲夢遊仙境》裡的兔子洞是穿越意識與潛意識的入口，那麼《湯姆的午夜花園》中的老時鐘就是穿越夢境的任意門了吧！每個讀過這本書的大人及小朋友應該都不會否認，《湯姆的午夜花園》巧妙地運用了時空的交錯，成功地營造出孩子在面對命運（也就是說，孩子不得不離家、長大的這件事）時的種種心境。但夢卻在這時向我們敞開了大門，以超越現實的方式為我們串連起不同的世界。前文介紹過的河合隼雄博士亦曾在著作中簡單介紹過本書，有興趣的讀者也可以深入比較我們觀點上的異同。

01

離家——重新認識自己

故事梗概

湯姆站在後門台階上，眼裡滿是憤怒的淚水。他默默地向眼前的花園道別，因為原本美好的假期被弟弟彼得的麻疹給破壞了。為了不讓湯姆也染上麻疹，爸媽決定將他送到阿姨與姨丈的家裡，他們住在一棟老公寓，那裡沒有花園。但他早就和彼得講好，這個暑假要在家裡的花園搭樹屋，這下全泡湯了！媽媽提醒湯姆，到了阿姨家後要遵守規矩，別給人家惹麻煩。但他臨走前仍氣呼呼地對著媽媽大喊：「我寧可跟彼得一起出麻疹！」他一點都不喜歡姨丈，到了阿姨家裡後更討厭那棟公寓：老舊、冷清、一片死寂。那條長廊空蕩蕩的，非常安靜，只要講話的聲音一停，就只剩下一座老爺鐘發出的滴答聲。這是屋主巴瑟羅米歐太太的鐘，鐘聲會穿透公寓裡的每個房間。

離家，讓生命獲得新的可能性

這裡出現了命運的第一道難題：長大。孩子一直是在父母親的保護下成長的，他們理所當然地活在預期裡，預期放學之後有點心，預期放假要出門玩，預期長大之後能夠穿皮鞋、用刮鬍刀、交男女朋友和在外地過夜。但麻疹卻讓這些期望落了空。孩子是不能允許期望落空的，他們用全身心期待一件事，所以他們開心時總是能表現出單純的愉悅跟快樂，失望時總彷彿世界末日。大人就沒辦法這樣，社會化使我們剝除了一些東西，我們知道計畫難免有意外，為了不讓自己失望過頭，我們學會適時地對自己先澆一些冷水，打打預防針。我們知道人生之難就難在世界不會如我們想要的那樣運轉。

所以湯姆才生氣地對媽媽大喊：「我寧可跟彼得一起出麻疹！」這句話既是生氣命運的不可控制，同時也表現出對離家的恐懼。如果我們不能離開自己的舒適圈，也就不能成長起來。成長意味著放棄某些想像中的權利，改以負責任的方式接納眼前的現實。離家將會讓我們體驗到日常無法體驗到的事，正是這些逸出日常、不被允許的經驗，讓我們的生命獲得了可能性。

父母與孩子的共依附關係

不僅是孩子害怕離家，其實父母有時也會因為擔憂而不願意孩子離家。這種現象在心理學稱為「共依附」，意思是雙方都依賴著對方成為自己失落的一角並獲得完整，這使得雙方都無法成為獨立完整的個體。但不離家孩子就碰不到新世界，重要的成長經驗往往都是由新世界提供的。每一個離不開父母的孩子，往往都伴隨著一個（或一對）離不開孩子的父母，就這點上，我們不知道是哪一個造成了哪一個。因為關係是互動出來的，要處理的往往是潛意識動力的問題。意識層面上，雙方可能都已認知到長久的綁縛有害獨立，但潛意識裡卻將對方視為重要的心靈伴侶。問題是，親子之間怎麼會是伴侶呢？長久離不開家的孩子就潛存著這個問題，有時我們不得不佩服命運的巧妙安排。對湯姆來說，離家的契機，就是弟弟彼得的麻疹。

故事梗概

自湯姆來到阿姨家之後就出現了失眠的問題，一方面是阿姨總是備好大餐餵他，一方面是他缺乏運動。為了怕湯姆是潛在的麻疹患者，姨丈不允許他出門，規定他晚上必須睡滿十個小時，所以他整天都關在家裡，唯一能做的運動就是幫阿姨準備食物。夜裡他在床上翻來覆去，聽著鐘聲響，直到午夜。凌晨一點鐘時，老鐘又敲了，一聲、兩聲、三、四，這鐘是不是壞了？老鐘繼續響下去，一路敲了十三下，然後停止敲擊。湯姆感到不對勁，一天只有二十四個小時，不管怎樣，老鐘最多只能敲十二下，這多出的一下是怎麼回事？

他決心一探究竟，摸黑下樓穿過長廊，看見了長廊盡頭的月光，湯姆將門一推，竟然是一大片盛開著花朵的草地！當他轉身想回到長廊時，長廊也變了一個模樣，地上鋪了地毯，牆上是各種裝飾，眼前走過一個女僕，她的身影不久後在門前憑空消失，然後長廊裡的裝飾跟著變成了薄薄的影子，一切又恢復原樣。他驚訝得一句話也說不出口。但他不在乎，「重點是那個花園。」明天他一定要進去！

深度心理學小學堂 06：自性

自性是榮格心理學的重要概念，它被假設成是我們集體潛意識中最重要的原型，它的意思是完整與神聖。榮格說，你將它稱為上帝也可以，重點不是稱呼，而是它存在的心理學事實。簡化來說，它或許可被視為我們內心的神性或佛性。

聽見內在花園的邀請

原來鐘聲的十三響為湯姆打開了異世界的入口，那是個不該存在的時間，長廊的後面接著的花園是一個不該存在的空間。好奇心的主題再次浮現，如果他聽從姨丈的規定，待在房間裡不出門，那麼他就會錯失老鐘的邀請。十三響的老鐘想必邀請了每個人，但大人總是很自然地認為鐘響十三聲是故障導致的，湯姆卻注意到了這個訊息。沒想到，勇於赴約的他竟然發現了長廊外頭有座美麗的花園。這使他下了決心，一定要進去那座花園。這讓我們聯想到愛麗絲與那座小門外的花園，它是「自性」的象徵，因此總是豐美。但人若不能離開安全感，就無法和內心的完整性相遇。這麼說來，意外有時也是好事，雖然它一開始總是以令人討厭的面貌出現。

時鐘本身也對應著時間，時間的特性就是永不回頭。不管孩子再怎麼想要抓住夏天或假期的尾巴，但時間從不偏愛任何人，因此它可被我們視為一位嚴厲的老師。許多孩子會有拖拖拉拉的毛病，發呆、昏沉、放空，該做的事做到一半就跑去玩自己心愛的車車或畫圖，對於被時間壓力追著跑的爸媽來說，常會忍不住破口大罵。但時間即將教會湯姆這個重要的事實：長大是不會回頭的，每個人都要在不同的階段裡努力完成自己的功課。

孩子的「生死之問」

對時間的意識是人類脫離了動物性特徵的標誌。除夕、聖誕、生日，所有孩子感到快樂或能領到禮物與紅包的節日雖然年復一年地出現，但離去的那一年卻不會再現。易言之，雖然每年都能過生日，但每個孩子都只有一次六歲的生日。隱藏在此概念後的，就是死亡。

死後的人去了哪裡呢？孩子大約是在四歲左右朦朧地意識到這件事的，年紀與年度都隨著時間增加，不會倒退，離去意味著失落。他們會用天真的語氣向父母提問：「神明是誰變的？住在哪裡？」指著餐桌上的魚：「牠死掉了嗎？」，或者「我以後也會當阿公／阿嬤嗎？」「我當了阿公／阿嬤以後，（原來的）阿公／阿嬤去哪裡了？」我甚至被自己四歲的孩子問過：「你死了以後住哪間廟啊？」以及「你死了以後我會有新的爸爸嗎？」這類令人哭笑不得的問題。

如果仔細思考，就會發現這些問題背後藏著很深的東西，不是三言兩語可以回答的。如果認真回答死亡這件事，孩子就會追問死後的世界，所以為了方便和避免傷感，父母可能會想快快打發這些問題（至少我是如此）。青春期以後，對死亡的意識會大幅激發我們的創造力。雖然我們常說「為賦新辭強說愁」，然而青少年確實對死亡與孤獨的議題非常敏感，所以才會在這段時期確立自我的獨特性。但對自我獨特性的確立又會反過頭來強化個人的孤獨與死亡焦慮，如何和這樣的焦慮相處，並用正向的方式回應它，正是長大成熟的關鍵。

02

潛意識的花園與交錯的時空——夢的隱喻

故事梗概

第二天早晨，湯姆醒來後，不知道為什麼心情特別好，直到他想起了那座花園。他氣阿姨跟姨丈沒和他說實話，竟然裝作沒有這座花園。沒想到待他打開後門的時候才發現，迎著他的是一塊狹窄的水泥地，上面擺了五個垃圾箱。哪有什麼花園呢？他返身回去研究那座老鐘，上面只有十二個數字，上頭有位天使，跨在鐘面的兩邊，一隻腳站在草地上，另一隻腳伸進海裡。手中拿著一本書，但看不見書裡寫著什麼。這東西到底象徵什麼，湯姆並不知道。那天晚上，鐘又敲了十三響，但公寓裡的每個住戶只覺得厭煩。只有湯姆開心地推開了後門，走進他的花園。

跨出童年的夢想花園

湯姆發現了，這座花園根本不存在於現實中，但有趣的是，等到當晚鐘敲十三響後，他又開心地走進了那座花園。易言之，他已經發現了老鐘與長廊的祕密，這是穿梭現實與幻境的孔道，也就是意識與潛意識心靈的孔道。這位一腳站在草地，一腳伸進海裡的天使，在塔羅牌的古老圖像裡非常有名，名稱叫做「節制」，雙腳分別跨站在草地與海，意味著他溝通天界與人間。陸地與海分別對應著意識與潛意識，因此他也是橫跨不同意識的橋梁。節制一圖暗示著，湯姆必須審慎地使用這個神祕的孔道。書裡寫著的文字我們不妨在此處先行透露，寫的是「時間不再」。也就是說，這個通道有關閉的可能。

讓我們試著回想愛麗絲是如何脫離夢境回到現實的？——是長大。兔子洞是一個只能進不能出的入口，除非愛麗絲的內在自我成長起來，否則無從自潛意識離開。湯

塔羅牌「節制」

塔羅牌是由 78 張圖卡組合而成，咸信是撲克牌的前身，由於具有占卜功能而廣為人知。這張「節制」牌是大祕儀的 14 號牌（塔羅由 22 張大祕儀及 56 張小祕儀組合而成），畫面上是大天使米歇爾，牌面義有結合對立、練習、精熟、長程旅行（因為對應射手座）等意思。

姆雖然能在午夜自由地進出這座花園，然而「時間不再」這句話卻明示著通道不會永遠開啟，人在每個階段都必須把握時間完成特定的功課，否則就會永遠喪失機會。對孩子而言，最重要的是長大。對湯姆來說同樣如此。潛意識滿足了他想要一個花園的願望，甚至給了他一個比家裡的小花園更大的地方。但如果他只知道在這裡玩耍，而不懂得找到自己該完成的任務，那他就會注定空手而歸。

故事梗概

湯姆在那座花園裡彷彿一個幽靈，他很快就發現花園屬於一個過去的大戶人家，雖然他不清楚那年代距今多遠。那戶人家似乎住在這棟老公寓裡，卻看不見湯姆在做什麼。湯姆很喜歡花園，但有一件事一直困擾著他，那就是四季的快速交替和時間的快速流動。不管他在這邊廝混多久，現實的時間卻只經過了幾分鐘。最讓他不解的一次經歷是，某個暴風雨的夜晚，他親眼見到一道閃電擊毀了某棵大樹，那樹像道火焰般燒了起來，只有一個聲音，與他一樣害怕的聲音「啊」的一聲，從樓上傳了下來。閃電照亮了草地上的坑洞，那是那棵大樹原先矗立的位置。但是第二天晚上當他再度來到花園時，令湯姆更震驚的事發生了，那棵大樹原原本本地立在那兒，彷彿什麼也沒發生過。

夢中的時間概念

花園裡時間倒流與錯置的現象正是潛意識心靈的能耐。在那裡，時間並不依循現實的規則。我們認為時間只會直線前進，但在潛意識中，它可以變換自己的速度甚至流動的方向，以超越我們意識的方式運作。我們以為時間具有穩定性，可以被分割、可以被計算。但那只是為了人們的現實需要所做的劃分。事實上，時間還具有相對性，因此同樣的十分鐘會帶給每個人不同的感受。在「黃粱一夢」這個故事裡，姓盧的窮書生躺上了道士呂翁送他的枕頭後，夢見娶了大戶崔氏的女兒，享盡榮華富貴，直到八十歲後方才辭世。醒來後，道士在旁邊煮的黃粱還沒熟呢！

人如果能明白這一點，就會自然興起對情感經驗的尊重，哪怕只是剎那，情感的深度都會引發無止境的漣漪。我們常常回想起過去，原因正在於時間的不可逆。但你說它真的不可逆嗎？它卻能在我們的回憶裡反覆重現。對老年人來說尤為如此，他們的心靈是指向過去的，因為未來已遙不可及。一般人對時間的概念在他們身上已不適用，他們的心靈屬於潛意識，因此外人看起來，老人總能跟小孩心意相通。本書的結局便指向這點，此處先不透露。

佛洛伊德在《夢的解析》裡談到，夢工作的第一項機制就是「凝縮作用」。它可以把數個人的影像疊合成一個，或者將數段經歷疊合成一段同時發生，故而事件可以合併，令人經驗到時間的飛躍。夢中的順序可以反轉，邏輯可以逆推，因此時間可以錯落發生，四季能夠逆著運行。湯姆醒來後，試著詢問姨丈有關時間的問題，但只得到這樣的答覆：「時間是不可能回頭的。」這是一個正確的答案，卻是一個完全貼緊現實的答案。這樣的答案很適合寫考卷，卻不適合拿來和孩子對談。從這邊我們也可發現，這本書裡缺乏一個合格的大人榜樣，由於書中主角是小男孩，所以更要緊的是成熟的男性榜樣。

孩子的夢境往往反映父母的心靈

我們知道意識總是嚮往著明確，但就是這樣的明確，讓我們看不見隱藏在日常之後的奇異邀請。從這點出發，大人設想的「永恆」本身也很貧乏。這類大人說的永恆指的是「永遠的現在」，這是生髮水、染髮液、還有小針美容大行其道的心理原因。但在整體性的時間裡，永恆指的卻可以是過去、現在與未來同時發生。它是一個圓，而不是直線中的某個點。舉例來說，預知夢就暗含了永恆的整體原則，因為它在「現在」裡揭示了「未來」。潛意識心靈讓湯姆見識到的正是如此。

湯姆因此認真地寫下花園裡的經歷給正罹患痲疹的弟弟分享，他留下暗語BAR，交代彼得看完之後一定要燒掉。也大約在此時，他發覺自己並不想回家了。

這裡帶出了「祕密」的主題。孩子出現祕密的那一刻就是他的心靈邁向獨立的記號。在那之前，孩子的心靈常常是與父母親共生融合的。這是為什麼榮格主張，孩子的夢有時要分析的是父母親的心靈，而不是孩子自身。祕密的出現宣告了他個人意識的再一次覺醒。

原本被妥善保護的湯姆因為命運的安排不得不離家，現在他卻開始喜歡上這座花園，對他而言，家好像變成一個遙遠的地方。現在離他最近的不是家人和弟弟彼得，反而是花園裡的那些遠古小孩。他原本的憤懣與孤獨漸漸地被內心的花園所治癒。有時在心理治療裡，我們期待發生的就是這件事。然而過度認同這座靈魂的花園也有它的危險性，就像祕密有時也是致命的一樣。它催生了我們的獨立，有時也讓我們窒息和死亡。

03

海蒂公主與力量——人與人的相遇與轉化

故事梗概

那座公園裡總是有四個孩子在玩耍，最小的是海蒂，其他三個男孩似乎是她的堂兄弟。湯姆像個隱形人一樣，常常看著他們在花園裡嬉戲、欺負小海蒂。有一回，湯姆覺得他們一次次地看透自己的身體，眼神穿越他不知看往何方，這件事惹毛他了，於是湯姆對著他們伸出舌頭。沒想到，海蒂也還以顏色，對著湯姆伸舌頭。原來海蒂看得見湯姆！

海蒂輕蔑地說，「我以前就常常躲起來偷看你了！可是你根本就不知道我在看你！」湯姆向他自我介紹，小女孩猶豫了一下，立刻挺身說：「海蒂公主，我是海蒂公主。」她說雖然她在這裡是囚犯，但公主才是她的真實身分。

友誼帶來的力量

海蒂被嬸嬸給領養，因為年紀小，又沒有父母，所以嬸嬸視她為拖油瓶，對她並沒有好臉色，也不注重她的教育。她自稱公主的原因是必須透過虛胖的自我來撐起她的自尊心。也就是說，海蒂是個孤單的女孩。

孤單的湯姆和孤單的海蒂在這座奇妙的花園裡相遇了。他們分享著對這座花園的知識，包括林間的祕密通道，成了彼此的玩伴，甚至一起蓋起了樹屋。我們可以說，花園修復了海蒂，也修復了湯姆。更重要的是，花園作為一個媒介，讓有著共同遭遇的他們修復了彼此。我們再次看見了潛意識的神祕，它讓兩個不同時空的人相遇，那裡總是有我們意想不到的力量。

我們繼續談故事。伴隨著這份情感出現的也有麻煩，那就是河邊的鵝群似乎發現了這兩個孩子常常往來的祕密通道，某一天竟然跟著走進去了，把菜園踩得亂七八糟。海蒂的嬸嬸將海蒂痛罵了一頓，數落她是一個不知感恩的窮光蛋，只會浪費她的錢，帶給大家恥辱，簡直是騙子！罪犯和怪物！湯姆為自己的無能為力哭了起來。從此之後，他再回到花園時就沒見過小海蒂，而是一個比較大的海蒂女孩。湯姆因此不再嘲笑她的公主身分了。

外在的挫折也催化內在的成長

這段經歷顯示出他們關係裡的侷限性。當海蒂受到嬸嬸的責罵時，她那些想像中的花園朋友們，包括精靈、幻想人物或聖經英雄等幫不了她，湯姆也是如此。這裡值得思考的是，對海蒂而言，湯姆的存在是真實的嗎？潛意識固然沒有疆界，但從另外的角度而言，它也沒有實際的力量。要表現出具有建設性的行為，人們非仰仗意識的自我來採取行動不可。湯姆的束手無策說明了海蒂終究只能靠自己面對問題，湯姆亦然。總有一天他得回家，然後帶著這份回憶繼續長大。也就是說，潛意識裡的快樂雖然能提供我們很大的滿足，但力量卻只能在現實生活裡被使用。長大的弔詭之處就在這兒，我們一方面需要花園裡單純的快樂，但一方面卻要有意識地放棄那份快樂。

海蒂為什麼需要稱自己為公主？正因為她在現實生活裡沒有力量也沒有身分。她不過是個拖油瓶。她對花園的耽溺恰好對應著湯姆的耽溺，他們如此相似，以至於成長這件事不僅指著湯姆，也指著海蒂。花園聯繫了他們倆，但交會只是暫時的。我們將在後面讀到，海蒂將會逐漸長大，使得湯姆也必須一起長大。河邊的鵝群充當了這次事件的主角，牠們跟著兩人的祕密通道從河邊走進了花園，將苗圃搞得亂七八糟。此事件象徵著花園受到外力的侵入，換言之，祕密已經揭露，花園的存在受到危害。

如果孩子能夠承擔這份意外，想到花園外還有更大的世界可以探索，也還有更多的責任需要擔負的話，他們的內心就會慢慢成熟起來。

故事梗概

回家的時間到了，湯姆鼓起勇氣告訴阿姨與姨丈，希望自己能在這裡多住幾天。他們答應了。當晚湯姆寫信給彼得：「我真是撿到了好運！」湯姆難免思索，海蒂會不會是鬼？或許很久以前她曾住在這間房子裡，在這座花園裡成長、然後死去。他想要詢問房東巴瑟羅米歐太太，或許她會知道一些細節。但姨丈卻肯定地告訴湯姆，巴瑟羅米歐夫婦是幾年前才買下這裡搬進來的，在那之前，巴瑟羅米歐先生從來沒住過這裡。

滋養內在孩童

這段描述說明湯姆的心態有了明顯的轉變，他央求阿姨繼續收留他。這點很不尋常，因此很快會在未來引起父母的疑心。我們前面提過，心靈的花園固然有其吸引力，但有時也是致命的。意識的自我雖然可以在那裡被修復，卻不能久居。在現實與幻想之間，人不能頑固地偏向某一方，否則只會帶來死亡。不論是自我的死亡，還是想像力的死亡。如果我們不能允許內在的小孩活著，就會變成乏味又物質的大人。反過來說，若我們過度認同內心的孩童，我們又會成為逃避責任的永恆少年。在《愛麗絲夢遊仙境》裡，愛麗絲安全地帶著內心的小愛麗絲長大，但在《小王子》一書中，他卻走進了死亡。有關永恆少年的議題我們將在他處繼續討論。在這裡，我們還是先聚焦在潛意識、夢境與成長的各種問題。

04

園丁亞伯——孩子的陪伴者

故事梗概

湯姆很快地又跟海蒂繼續花園裡的歡樂時光，湯姆教她做弓箭，又爬上牆頭告訴她遠方的風景。但園丁亞伯的重要性在此現身，他要海蒂燒掉那些弓箭，但送給她一把磨鈍的小刀做補償。就在湯姆爬上牆頭告訴她遠方的河、村莊與大海沒多久，又見亞伯氣沖沖地跑來，要海蒂對著《聖經》發誓絕不會爬上牆。海蒂說，亞伯是帶著害怕的心情要她這麼做的。他們很快就忙著蓋樹屋，因此忘了亞伯這次怪異的舉動。樹屋終於完成了，海蒂開心地在樹屋上面玩耍，但上頭的樹枝有裂痕，撐不起海蒂的重量，海蒂尖叫一聲從樹枝上掉了下去，躺在地上一動也不動，事情發生得很快，湯姆根本不知道發生了什麼事。亞伯大步跑過來，急忙抱著海蒂往房子跑。突然停下腳步，轉過身，對著湯姆吼：「你滾開！」原來亞伯一直看得見湯姆。

禁忌對孩子的吸引力

成長帶著危險性。雖然我們還不知道海蒂是不是鬼，又在哪個年代活著？但對海蒂來說，湯姆的出現雖然帶給她新的經驗，但這些經驗也很致命。弓箭、爬牆，以及樹屋，這都是海蒂過去沒有嘗試過的。亞伯雖然看得見湯姆卻一直不說，他把湯姆視為惡魔，試圖誘惑海蒂去做一些危險的事。但弔詭的是，在海蒂真的發生意外之前，亞伯並沒有禁止他們來往。我想那是由於開放和規範之間很難拿捏的緣故吧！我們不希望孩子太早學會某些行為，例如爬高、使用剪刀、玩插頭與瓦斯爐，或者洗玻璃杯。但這些被禁止的事對他們而言卻很有吸引力，好像非得去從事某些危險舉動，他們才算得上是大人一樣。

為什麼這座公寓裡的人只有海蒂跟亞伯看得見湯姆呢？海蒂固然是因為她是裡面最小的孩子，還沒喪失童年的純真，亞伯的角色又要怎麼理解才對？我認為那是作為一位園丁，亞伯的身分與大自然最為接近的緣故。園丁是照料植物的人，因此他的職業已經暗示了教育者的身分。作為看得見湯姆的唯一男性，是他從旁關切著湯姆與海蒂的福祉。湯姆是孩子，海蒂的真實身分是老太太，而亞伯則是中年人，這之間的安排絕非巧合。

正向的成熟男性

在希臘神話裡，也有一位與大自然非常親近的男性神祇，名字叫做「潘」。神話中的他長著山羊頭和魚尾，亦海亦陸的特徵似乎暗示他的地位處於人與神之間，用心理學的話來說，似也暗指著意識與潛意識的交界。或許是如此，他才未處於奧林匹斯的眾神之列。這個古老的神祇被視為土地之神，掌管著羊群、樹林與田地，因此又稱他為牧神。從他的掌管項目來看，就知道他生活在人群與自然之間。後來他的樣貌和性意涵被基督教視為撒旦的象徵，顯示出具備兩面性的潘在衛道人士眼裡，跟惡魔沒有兩樣。園丁亞伯或許就有這樣的暗示也說不定。處於意識與潛意識交界的人，生活在自然與城市之交的神，同時能夠看到兩個時空的孩子，這似乎也是可以理解的。

前面提過，這本書裡缺乏一個正向的成熟男性。而這樣的缺乏似乎被亞伯給填補上了。他看得見湯姆，知道他們在玩什麼遊戲，但他卻不置一詞，除非這遊戲可能會帶來危險。在旁邊看顧著孩子但不打擾，默默地參與和守護他們，只有跟土地及植物朝夕相處的人，才有這樣的沉穩與耐性吧？多數時候，我們都是那個揠苗助長的宋國農夫，縱使沒有表現出來，心裡難免希望孩子快點長大，快點學會自己吃飯，自己睡過夜，自己打理房間和自己，或自己走路上下學。

但就在某個特定的時間點，我們從童年踩進了現實，有些人是在七歲開始學英文的時候，有些人是在十歲拿到第一份數學考卷的時候，有些人是十三歲情慾第一次強烈觸動的時候。成長好像跨過地上的分界線，一旦進入那一頭，分界線就會消失，讓我們再也回不來這一頭。而跨越的時間就要來到了。

故事梗概

海蒂被帶進房子後，湯姆等了好長一段時間才見到亞伯走出來。他不停追問海蒂的情形，亞伯只是置之不理，但或許是不捨湯姆的眼淚，他心軟了，對湯姆說，海蒂沒死，她還活著。湯姆走進門，試著爬上樓，找到了海蒂的房間。他看見了海蒂的堂哥詹姆士，湯姆驚訝地想：上次見面時，他還是一個男孩不是嗎？怎麼現在看起來像個年輕人了？他等詹姆士離開後進入了房間，終於看見了海蒂。他仔細地研究她，沒有錯，海蒂確實長大了很多，但自己這陣子都沒發現。而這個房間也有似曾相識的感覺，良久，湯姆終於確定了，海蒂的房間就是他現在住的房間！

走向各自的人生

湯姆意識到他與海蒂一直住在同個房間的時候起，兩人分手的時間就正式地進入倒數。原本明確的界線開始模糊，彼此的世界開始交疊。好比即將醒來的夢，意識層面的覺知逐漸甦醒，我們漸漸發現夢境裡似乎有一些不合現實的地方，比如眼前早就死去的人，自己不合時宜的身分，此時夢境就進入了尾聲。

他們聊得很愉快，湯姆說，「我明天再來看你。」海蒂笑了，「你老是說明天，可是每次都是好幾個月之後才來。」湯姆說，「我每天晚上都有來啊！」隔天早上湯姆醒來後收到了彼得的來信，弟弟告訴他，媽媽要他這個週末就返家。他和海蒂只剩下最後五天的相處時間。

這段話顯示出兩人時間的明顯錯位，時間錯位暗示著每個人都有自己的命運與責任，不可能永遠共享同一個人生。孩子之所以需要練習獨立正是這個原因，因為父母不可能陪他們到老。作為父母師長的我們，為什麼需要放手的勇氣，此亦原因之一。

湯姆的隔天是海蒂的數個月。也就是說，短短的兩週時間，海蒂將會大上好幾歲，但對湯姆而言，才過了一個短短的假期而已。在夢境裡，時間會快速飛逝，人可以在一個晚上經驗到大半輩子，猶如前述提到的黃粱一夢。因此海蒂的長大無可避免地將會使這短暫的交錯被拉開，時間不再，海蒂的時間快速地往前流動，湯姆因此將意識到結束帶來的焦慮。

05

最後一次相會——老人與孩子的生命任務

故事梗概

當晚湯姆又回去找海蒂時，海蒂變得更活潑了，她現在不再滿足於在花園玩耍，也很常出去和朋友溜冰。他們倆打開了老爺鐘，將天使手上的書翻過來，終於解開了裡面的祕密，上頭寫著：「時間不再。」他返家後仔細地想，看到海蒂的時間不過才數週，但海蒂卻已經大了十歲。海蒂迷上了溜冰，湯姆希望她能在未來不再需要溜冰鞋的時候將溜冰鞋藏在房間內留給他，他希望回房間將溜冰鞋帶來海蒂這兒，兩人一起溜冰。這個願望成真了！週四的晚上他們一起溜著冰，溜得非常遠。突然間他有一種強烈的感覺，弟弟彼得也在這兒！果然彼得出現了，他問湯姆，「海蒂在哪裡？」湯姆回答，「就在你對面。」彼得不高興地說，「那不是海蒂，她是一位小姐！」彼得又說了一次，「她明明是大人！」然後彼得就漸漸地變淡、消失。

他們溜得太遠，回程時遇到了海蒂的熟人朋友小巴帝，他熱情地招呼海蒂坐自己的馬車回家。他們兩人開心地聊著大人的事，這讓湯姆很生氣，他覺得自己似乎被冷落了。他有一種奇怪的感覺，似乎海蒂漸漸地不再需要他。他睡著了，醒來後已經是週五。他安慰自己，花園的時間是可以重來的，說不定海蒂今天晚上又會變成一個小女孩，這樣他們就能在一起玩遊戲了！當天晚上，湯姆再度走過老爺鐘，進入長廊，一如往常地推開門，但眼前哪裡有花園？只有平時的垃圾箱。他大叫幾聲，「海蒂！海蒂！」但他再也回不去那座美麗的花園。湯姆大哭大鬧，整棟房子的人都被他驚醒，姨丈衝下樓緊緊地抱住了他……

和童年永別

當湯姆解開「時間不再」的謎底時，就已注定再也回不去那個時空。但湯姆沒有意識到這件事，他以為他還有一天可以利用。是的，還有一天。甚至還有很多天。結束來得又快又急，這是長大教給湯姆的第二件事。意外來得猝不及防，結束時同樣如此。他原先還以為自己解開了時間的謎，可以想辦法永恆地回到這座花園裡。但每一個「常」都帶著一個「變」，同樣是鐘響十三聲，但已失去了魔力。長大讓我們跟童年永別，好比初經來的那一刻，少女就成為了女人。最後幾次的相遇，溜冰已經成為兩人間的重要主題，易言之，他們離開了花園，離開了充滿魔力的地方。所有長大成人的孩子都得離家，一如意識獨立於潛意識。最後的法槌已經落下，判決已定。

湯姆本來設想好永遠不分開的方法，但很明顯地，海蒂的焦點已經從花園移轉到花園外更大的世界。溜冰象徵著自由、快速的移動，也就是說，湯姆的時間已經在加速進行，他將經驗兩個世界的斷裂。不論這兩個世界指的是童年與長大、意識與潛意識、還是夢境與醒覺。當海蒂坐上小巴帝的馬車，顧不得與湯姆聊天時，湯姆已經失去了繼續留存在花園裡的資格。我們因此可以推測出，原來湯姆之所以可以自由進出這個孔道，實在是他與海蒂兩人彼此需要的緣故。在海蒂已經長大，心有所屬的時候，她不再需要湯姆了。湯姆被從夢境裡拋棄，他的驚慌可想而知。

成長有時意味著遺棄

原本無話不談的哥兒們或閨密，因為異性的出現而使原先的感情出現了裂隙，大人間的友情比起孩童時更加微妙。愛情讓我們長大了，親密關係將成為我們生命的重點，結婚更會讓每個摯友與自己漸行漸遠。小巴蒂取代了湯姆，是成長永不回頭的證明。處理好被遺棄的感受，因此成為我們能否在人生路上繼續勇敢往前走的重點。

許多排行老大的小孩都有這種經驗，突然不知道從哪裡蹦出的弟妹分享著原本他專屬的一切：爸媽、玩具、房間、遙控器和腳踏車。孩子本能地經驗到一種巨大的挑戰，雖然一切看似不變，他卻喪失了獨子或獨女的身分，被旁人重新界定為小哥哥或小姊姊。伴隨這個界定而來的是責任，玩具要分享、蛋糕要分享、要做好榜樣，還得幫忙照顧這個討人厭的競爭對手小嬰兒。做父母的如果輕忽老大的心理狀態，孩子很容易產生焦慮與遭遺棄的反應，這點尤值得注意。

意義感來自創造，而非回憶

因此花園為一個過渡或者中介，它已經完成了它的任務。海蒂從小女孩變成了女人，湯姆的暑假也近了尾聲。我們無法讓花園重現，因為這違反了潛意識的定律。從來只有它找上我們，人們只能等待它的邀請。

每一段美好經歷都會結束也會復活，但它重生的時候往往帶著嶄新的樣貌，而非舊有的型態。這是舊地重遊之所以無法讓我們重拾感動的原因，但許多年輕的戀人不懂，他們以為回到初識初戀的場景，逝去的愛就會歸返。但只有意識勇於去冒險和創造，意義感才可能再度湧現。如果想要重返花園，我們不能回到同一個花園！這再現了死亡與重生的主題。

在童話故事《開花爺爺》中，死去的小狗先是變成了木臼，再化成了灰，最後變成滿樹的櫻花，其理便是如此。每一次形變，都是一次轉折。小狗雖然沒有用同樣的形體復返，卻從來沒有離開。潛意識內的象徵變化萬端，自然不會固守同一種型態。僵化的只會是意識，而不是位於意識底層的心靈。易言之，生命不會重複，否則這就違反了它自己。我們未曾看見兩朵相同的花，兩個一樣的人。哪怕是雙胞胎，對同一件事也不會有同樣的感受與想法。當我們不再尋找自性的經驗時，那些啓程的時刻才會再度浮現。

故事梗概

星期六，湯姆將離開這座老宅。他已經喪失最後的機會，今天他必須回家了。昨晚被驚醒的巴瑟羅米歐太太堅持湯姆一定要為昨晚的事親自去見她，阿姨極力反對，但湯姆沒有逃避，他平靜沉穩地告訴阿姨，這件事要由他自己解決。結果揭曉，巴瑟羅米歐太太告訴湯姆：「你難道不瞭解嗎？你在叫我，我就是海蒂。」巴瑟羅米歐先生就是小巴帝。原來後來他們成了一對戀人，婚後海蒂就搬離此處。在婚禮的前一晚，窗外雷雨大作，海蒂知道婚禮結束後，她就會失去她的一切，也就是她的童年，以及所有和湯姆在花園共度的時光。但就在那晚，她最後一次看見了湯姆，他從角落的小徑走了出來，然後又回到屋內。海蒂心想：他走了，再也不會回來。但花園永遠都會在這裡。沒多久，一道閃電將那棵大樹給劈倒，燒了起來。湯姆想起來了，大樹倒下的那晚，他還聽見了從樓上傳來的驚呼聲。

後來堂哥們陸續離開了這座宅邸，花園也漸漸衰敗，老屋被拍賣，被巴帝買了下來。很多年後，巴帝去世了，她就搬來這裡，一直沒有離開。她不再說話，湯姆問她：「你想要時間回頭嗎？」老海蒂回答：「等你到了我這個年紀，湯姆，大部分時候，你都是活在過去的回憶裡。你記得它，你也夢到它。」湯姆終於明白了，為什麼花園的時間總是跳躍不定，因為這都依據老海蒂的夢境而定。她當晚夢見什麼，湯姆就進入哪一個時空。當她回到過去，想像著在花園裡玩的時候，湯姆就這樣跟著她一起回到過去，進入同一座花園。

離開的時間真的到了，海蒂叮囑湯姆一定要再回來，而且帶著彼得一起！湯姆滿口答應，他突然發現，其實自己還是很想家的。到時候家人一定會幫他辦一場溫馨的歡迎儀式。等到儀式結束之後，他要把彼得拉到家裡的小後花園，告訴他，他也得到了海蒂的邀請。阿姨這樣描述著湯姆和海蒂的第二次告別，「湯姆用手臂環繞她的樣子，就像是在擁抱一個小女孩似的。」

老人的生命任務

修復的主題再次出現。這次不僅是小海蒂與湯姆的彼此修復，更是老人與小孩的彼此修復。我們之所以恐懼死亡，是因為我們相信在終點之後什麼都不復存在。小孩剛從生命的起點出發，老人卻已走向生命的終點。如果把人類的生命想成一個圓而不是直線，那麼海蒂與湯姆的奇遇便是走向終點的老人意外地與正在起點的孩子相逢。兩人的孤獨感在夢裡被彼此給療癒了。

榮格將集體潛意識裡的內容物稱為「原型」，那是人類代代相傳的心靈形式。它是一個個的鑄模，形塑出來的成品則由個人所處的文化決定。例如人人心中都有一個英雄原型，但這個英雄可以是海克力斯，也可以是文天祥，原型所呈現的內容是自由的，意義卻非常雷同。他相信意識的人格會死去，但潛意識的原型卻永遠恆存。從這點說來，每個人身上都帶有永恆與有限的成分。老年人的生命任務或許是體認到內心裡的永恆吧！

這是為何巴瑟羅米歐太太會告訴湯姆，人老了之後都活在過去的回憶裡，記得它，也夢到它。時間不需要回頭，因為重要的事物會在老後一再地在我們內心被重複經驗，不論是難過、悲傷、快樂，還是酸楚。活到老學到老固然重要，但老年人的真正功課卻不是這個，而是統整他活過、經歷過的一切。用年輕人的眼光看待老年人的行為是不公平的，因為他們心理能量的流向已經翻轉，從意識轉返潛意識，未來不再屬於他們，他們屬於過去。這是一個人真正要對自己完全負責的年紀。他們精神的根又深又牢地扎向大地，縱然上頭的花果樹葉已經乾枯飄落，但他們卻以其他意義活著，直到心臟不再跳動為止。

人需獨立，才能以成熟的方式相愛

時間的有限就是人類的有限。前面提到，對時間的意識是人類脫離了動物性特徵的標誌。對它的意識，就是對存在性孤獨的意識。但如果意識不到孤獨，人就不能去愛與創造。然而人若想要去愛，就得先讓自己成為一個獨立的人，因為愛只會發生在關係裡，發生在「你」與「我」之間。成熟的愛仰賴成熟的人，「時間不再」雖然會使人失望，卻不會使我們絕望。發生在海蒂與湯姆之間的故事正是如此。

他們的相遇同時也是人內在的對立兩極產生有意義碰觸的結果。在我們熟悉的英雄故事中，故事的結局往往是以男性英雄打敗妖怪，而後拯救少女（或公主）告終的。故事用英雄的勝利來象徵自我的完成，用與少女的結合來象徵對立的整合。而老與少的相會則是故事用來表達個體化歷程的另一種形式。至於什麼是個體化，我們在最後一章時會再詳談。這裡邀請讀者回想一下，在東方的仙人傳說中，也常常有老少同時出現的例子。老仙人的門人總是童子，仙人會表現出童稚的行為，童子也常語帶雙關地說出智慧之言。

我們很熟悉的唐詩「松下問童子，言師採藥去，只在此山中，雲深不知處。」師父（也就是老人）為了採藥就這樣漫遊不知歸期，這不是孩子般的天真行為嗎？而童子的回答更是富有深意，他告訴求道者，「師」（也就是完滿的自性）就在此山（也就是我們的內心）中，只是人往往被世俗的知見所迷，故而不得其道而已（也就是雲深不知處）。

在《西遊記》裡，孫悟空訪仙求道來到了須菩提祖師所居住的三星洞，他還沒敲門自介，仙童就先開門迎接。原來是仙童奉須菩提祖師意旨來迎接修行者。此處仙童的角色乃是須菩提的延伸，須菩提祖師是誰？史上並無其人，但須菩提一名卻明顯指的是佛陀的大弟子。在佛教中有著至高地位的《金剛經》就是須菩提與佛陀的問答集。這樣的虛構人物（亦即一位老人）身邊總有童子相伴，在東方的傳統裡絕非偶然。它與西方的英雄神話同樣象徵著人格的最高表現。湯姆與巴瑟羅米歐太太的夢中相會也應做如是想。

巴瑟羅米歐太太的夢療癒了湯姆的孤獨，陪伴他順利地跨過那條童年與成長的分界線。時間不再，卻以嶄新的形式歸返。海蒂還是海蒂，只是從小變老。海蒂的長大刺激著湯姆去長大，他知道人不能永遠活在內心的花園裡，他想要回家，而且知道家人還是愛著他。即便他們永遠無法明白他在這個夏天曾經歷過的那場奇遇。經歷這一切的湯姆一定會變成一個很棒的大人吧！我希望每個孩子都能如他一樣，心裡永遠有座盛開的花園。

結語

意識嚮往的永恆不同於潛意識，因為兩者遵循不一樣的規則。小男孩湯姆的成長源於一場意外，卻是他探索午夜十三聲鐘響的勇氣使他得以跨越現實，與海蒂共享同一個夢境。在這裡我們又見到了《愛麗絲夢遊仙境》的主題，人生的意外絕不可免，但個體的勇氣也絕不可少。這麼想來，那些總是擔憂著替孩子規劃人生路的父母或許可以少點焦慮。重點不是安全，而是安全感。擁有後者的孩子能夠迎向危機，父母因此沒有必要汲汲營營於前者。那些有著足夠愛的孩子都能順利長大，以一個我們想像不到的方式。想想這一系列穿越時空的夢，想想命運的巧妙安排與潛意識的廣大能耐。它們總是知道人們需要什麼才能成長起來，總是知道什麼時候該介入，什麼時候該撤手。《湯姆的午夜花園》很成功地向我們揭示了這一點。

貳：永恆少年

永恆少年（puer aeternus）已經成為一個普世的現象，越來越多的年輕人在離開學校後無法持久地在工作或親密關係中取得進展或成就。也就是說，對於進入成年人應該有的生活他們覺得很困難。這件事固然有其外部的社會因素，但此處要探討的是造成這類情況的心理原因。瑞士的心理學家瑪麗－路薏絲・馮・法蘭茲（Marie-Louise von Franz, 1915 - 1998）在《永恆少年》一書裡以著名的《小王子》為例來探討這個被稱為「永恆少年」的原型，由於該著作對《小王子》的故事分析已是經典作品，因此請讀者將我書中的觀點視為對她的整理和補充，對本議題有興趣的讀者可以從她的著作裡獲得更多資訊。比起小王子的無力感，彼德潘則揭露了永恆少年的致命性，我認為這顯示了死亡議題是如何與永恆少年密切相關，青春期的自我傷害與破壞性慾望我相信都可從這裡得到啟發。

永恆少年的特徵

本節的資料是自法蘭茲博士的《永恆少年》中整理而來的，根據她的考察，puer aeternus 是古代神的名字，出自羅馬詩人奧維德的作品《變形記》，書中將這個詞語用以指稱古希臘艾盧西斯（Eleusinian）神祕儀式的孩童神。後來他被視為等同於酒神戴奧尼索斯（Dionysus）及愛神愛洛斯（Eros）。他是神聖的少年，在黑夜時分出生，同時也是救世主的一種類型。它是草木及復甦之神、是神聖少年之神。因此本書將他用來指稱帶有母親情結的特定類型年輕男性，他們因此表現出某些典型的行為。

通常，認同永恆少年原型的男性，會在青少年心理階段維持過久，也就是說，那些對十七、八歲少年來說是正常的特徵，會一直持續到他往後的人生。同時，大多數的案例也會過度依賴母親。這些帶有顯著母親情結

瑪麗－路薏絲・馮・法蘭茲

瑪麗－路薏絲・馮・法蘭茲（Marie-Louise von Franz，1915–1998）由於語言天賦而成為榮格在研究鍊金術時的得力助手，她透過替榮格翻譯鍊金術的拉丁與希臘文獻來支付榮格的分析費用。她繼承了榮格學說的精髓，對夢與童話的論述無人可出其右。

的男性，如同榮格指出的，會有兩個典型問題的，分別是同性戀及風流公子唐璜。英國的分析師貝恩斯（Baynes）將之描述為「暫時性的人生」。那是一種奇怪的態度及感受，使人覺得自己還沒有進入真實的人生。此人在當前的狀況下做這個或是做那個，但無論是女人或是工作，都還不是他真正想要的，總是幻想著到未來的某個時間點，真正想要的就會出現。如果這樣的態度持續下去，就意味著此人內心持續不變地拒絕在當下給出承諾。其中也常會多少帶著救世主情結或彌賽亞情結，私底下認為有一天自己能夠拯救世界，無論是在哲學、宗教、政治、藝術或其他領域，那最終的論述將被發現。甚至會進一步演變成典型的病態狂妄自大，或是比較輕微地顯現在時不我予的想法中。

這類型的男人最害怕的就是被與任何事物綁在一起，他們極度恐懼被牽絆住，害怕完全融入在時間與空間中，或是害怕被定位成一個固定的形象。他們總害怕會掉入逃不開的情境，每個尋常的情況對他們而言都是地獄。同時他們對具危險性的運動有著高度著迷，特別像是飛行或是登山之類的，如此一來才能盡可能達到高點，其中所帶有的象徵意涵就是從現實中逃離，從地球生活及日復一日的生活中逃離。如果這類的情結是明顯的特徵，許多這樣的男人會因為飛機失事及山難而英年早逝。

他們通常不喜歡需要耐心及長期訓練的運動，從永恆少年字義的負面角度而言，他們通常有著沒耐心的傾向，所以這類運動對他們而言不具吸引力。這類年輕人的正面特質是具有某種靈性，這來自與無意識相當親密的接觸。他們有許多趣事可聊，同時會給人帶來爽朗的氣氛。他們不喜歡傳統的情境，會深入探究同時直探真實。他們通常在找尋真誠的信仰，這是人們在青少年晚期典型會追尋的。一般來說，永恆少年身上的年輕魅力會持續延展到生命晚期，但是有另一類型的永恆少年並不展現年輕魅力，也不閃耀神聖少年原型的光芒。與此相反地，他活在持續性的昏睡及發呆狀態，這也是典型的青少年特質：昏沉沉、缺乏紀律、凡事拖拖拉拉，到處閒晃、任心思飄竄。但那只是表象，他們內在有著鮮活的幻想生活。

在《轉化的象徵》一書中，榮格提過一個療方——工作。但這不是任何一個永恆少年想要聽到的，榮格因此得到結論說那是正解。在任何工作領域，總會出現需要面對一成不變的時刻。所有的工作，即使是創意性的都包含某些無趣的例行公事，這是永恆少年想要逃逸的所在。

深度心理學小學堂 07：永恆少女

既然有永恆少年，那有沒有永恆少女呢？法蘭茲認為是有的，這樣的女性會不自覺地認同父親的阿尼瑪（亦即男性心中的女性靈魂），從而扮演著少女的角色，她們同樣真誠、富靈性，而且浪漫，直到時間找上她們為止。例如《白雪公主》中不肯認老的王后。

PART — 3

《小王子》

追求獨特的永恆少年

01 遇見小王子——在現實中迷航

這個故事有相當清楚的段落劃分，聖修伯里以第一人稱做的引言如同個人傳記一般，在那之後則是小星星王子的故事。自傳的部分是這樣開始的：

故事梗概

在我六歲的時候，有一次，我在《自然中的真實故事》一書中看見一張超棒的圖畫，那是一本關於原始森林的書籍。圖片畫的是一條大蟒蛇正要吞下一隻動物。

在那之後，我想了很久，想著關於叢林冒險的故事。同時，拿起色鉛筆做了些許嘗試，成功地完成我的第一幅圖。我的一號作品，長得就像這樣：

我把我的傑作拿給大人看，問他們看了會不會嚇破膽？但是他們回答說：「嚇破膽？一頂帽子有什麼好嚇破膽的？」我畫的根本不是一頂帽子，而是一隻大蟒蛇正在消化大象的圖畫。但是既然大人們都看不懂，我又畫了另一張圖：我畫出大蟒蛇的肚子，如此一來，大人們就能清楚看見裡面的東西。大人們總是需要解釋，我的二號作品長得就像這樣……

這次大人們的回應是建議我放下大蟒蛇的圖畫，無論是肚皮開著或是關著，他們要我專注在地理、歷史、數學及文法等學科上。這就是為什麼當我六歲時，我就放棄了可能成為傑出畫家的生涯。我因為一號作品及二號作品的失敗而感到灰心喪志，大人們從來就沒能自己去瞭解事情，對小孩來說，總是要不斷地對他們解釋，真的是很累人的。……

在我的人生中，我接觸過許多嚴肅的人們。我在大人圈中打混良久，近距離地觀察他們，但是對他們的看法並沒有改變多少。當我遇見其中一個感覺頭腦稍微清楚的大人時，我會讓他看看我珍藏在身邊的一號作品，以此作為測試，我想知道此人是否是有真的理解能力。但是，無論是男是女，都會回答說：「那是一頂帽子！」

因此我就絕對不會跟那個人提起大蟒蛇、談起原始森林或是提及星星。我會把自己降到他的層次，我會跟他談起橋牌、聊高爾夫球、說政治及閒話領帶等等。而大人們會因為遇見如此通情達理的人而感到愉悅。

因此我孤單一人過生活，沒有真的能說上話的人，一直到六年前，我的飛機在撒哈拉沙漠出事。當時飛機的引擎有些狀況，同時因為我身邊沒有技師也沒有乘客，我獨自一人嘗試困難的維修工作，對我來說那是生死交關的問題：我的飲用水只夠勉強維持一個星期。

於是第一個晚上，我在遠離人煙千里之外的沙地上入睡，遠比因為船難而坐在救生筏上漂流於汪洋大海的水手都來得與世隔離。因此，在日出之際，當我被一個奇怪細小的聲音喚醒時，你可以想像我會有多驚訝。

那個聲音說：「請你幫我畫一隻羊！」

「什麼？」

不願參與「集體」，也不願長大的「個體」

這是一個受困於童年時光的男人，一段無法面對真實人生的回憶。

法蘭茲因此認為，聖修伯里「從未真的進入成人的世界」。他受困於被拒絕的經驗，因此他也拒絕成人世界。我們或許會感嘆大人未免也太不瞭解孩子的內心，也太缺乏想像力了。然而事實上，這世上並不存在可以一眼看見事物核心的人。默契是相處來的，童年幻想不恰當地停留在聖修伯里身上，結果是他沒有辦法將內心的童真與外在的現實妥善地連結起來。他選擇的是自我保護，以及鄙視那些「就這樣長大」的人們。世界如果不與他們配合，他們就感到幻滅與憤世嫉俗。

她分析道，如果我們仔細端詳這些圖畫就會發現，大蟒蛇是來自潛意識的、吞噬性母性的意象，甚至可以說，大蟒蛇是朝向死亡的一種拉力。而大象則在印度和歐洲都被視為是堅毅的、具神聖性質的英雄。

我舉一個國人比較熟悉的例子，成語中的「盲人摸象」裡就暗喻著大象是完整與智慧的象徵，因為盲人們拼湊出的碎片不足以說明大象的全貌。聖修伯里如此著迷於蛇吞噬大象這幅圖，又強迫性地想要與人分享（一直到長大後仍然如此），暗示著他內心無助又急需被瞭解的願望。但前文裡我已談過，沒有人能夠一眼看穿事物的表象。

從這點思考，我們大致可以猜出，聖修伯里乃至所有被永恆少年原型給佔據的人，必然沒有足夠的能力經營親密關係。

不論從關係的開啟還是維持來看，都仰賴兩個有意願的人持續地參與雙方的共同生活。「參與」與「獨立」都是身為一個人最重要的人生任務。永恆少年偏執地想要後者，他們不想當集體的一分子，只想當一個「個體」，然而越是這樣做，就越讓他們什麼也不是，純粹只是被原型給佔據的舞台和工具。聖修伯里四處找尋能夠理解他的人們，因此是一種求助的象徵。但他又太快放棄，若人們未能在第一時間說出他要的答案，他就會「把自己降到他的層次」，跟他聊橋牌、高爾夫球、或其他的東西。而這也正是永恆少年的基本特質，他們具有理念，但從不堅持什麼東西。或者更準確地說，他們從不打算在物質的層面、世俗的層面將這些理念用有建設性的方式給實踐出來。

在這段描述的最後，他遇見了小王子，小王子代表什麼意思呢？我們繼續讀下去。

02

小王子與綿羊
——不斷追夢的人生

故事梗概

「畫一隻羊給我！」

我嚇了一跳，像是被雷打到似的。我使勁地眨了眨雙眼，仔細地望向四周，見到了一個怪裡怪氣的小傢伙，他就站在那兒一臉嚴肅地看著我。此處就是我事後所能畫出最好的一幅肖像畫。

我雙眼瞪著這個突然出現的小傢伙，驚訝不已。別忘了，我才剛墜落在這個與世隔絕千里之遠的沙漠區。然而我的這個小傢伙看起來既不像是在沙漠中走失，也不覺得快累倒了、快餓死了、快渴死了或怕得快暈過去。……最後，當我終於能夠說上話時，我對他說：

「不過，你在這裡做什麼？」

他不疾不徐地，彷彿是要說一件很重要的事情，重複說道：「請你幫我畫一隻綿羊……」

對我來說沒有比這更荒謬的事了，在杳無人煙的千里之外，同時在面臨死亡的威脅之下，我仍然從口袋裡拿出一張紙及一支鋼筆。但是，我又想起以前學的都是地理、歷史、算術及文法，於是我告訴這個小傢伙說我不知道要怎麼畫。他回答說：

「那不重要。」

因此我給他畫了我常畫的那兩幅畫的其中一張。我畫的是那張從外面看到的大蟒蛇。當我聽見小傢伙看了之後的回答，我大感震驚：

「不是，不是，不是的！我不想要一隻在大蟒蛇肚子裡的大象。大蟒蛇是一隻非常危險的生物，而大象非常地笨重。我住的地方，事事物物都非常地小。我所需要的是一隻綿羊，幫我畫一隻綿羊。」……

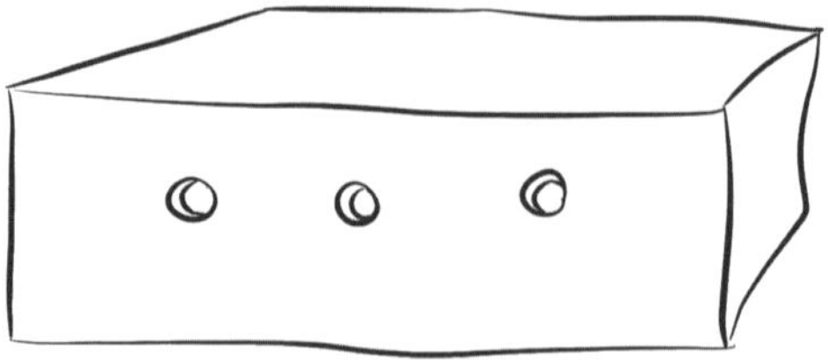

聖修伯里沒有時間理會他，但還是為小王子畫了一張圖。小王子仔細地看了這張圖後，說那是一隻病得很重的綿羊。所以聖修伯里又畫了另一張圖，但他依舊不滿意。最後他失去了耐心，因為他正急著要拆開引擎，於是草草地畫了上面那張圖，還附帶說明：「這只是牠的箱子，你要的綿羊就在裡面。」他終於看見小王子臉上出現一道滿意的光芒……

我就是這樣認識小王子的。

內在的神聖孩童

小王子為何能一眼就看穿那頂帽子？原因只有一個：他就是聖修伯里內心的神聖孩童，他是聖修伯里幼時的自己。有趣的是，小王子知道蛇很危險，但他卻先後跟蛇做了兩次交易，這件事我們未來再談。他說大象非常笨重，這又是什麼意思？因為小王子是從外星球來的，易言之，他具備著飛翔的特徵。永恆少年的困境就在於他沒有辦法在厚實的地面上生活，因此他看不見大象具備的神聖性與完整性，他只直覺地感到牠很「笨重」。

在童話裡，常常有主人翁在森林或大海裡迷路的橋段，接著他們會遇到某些神奇的遭遇。這是心理的典型情境，也就是說，我們意識層次的自我已經走不下去了，心理能量不斷堆積，轉向了潛意識，這是神奇事物出現的原因。小王子的現身就是如此。

聖修伯里在沙漠裡迷失，象徵著他的人格自我偏離了真正偉大的事物。小王子在這個性命交關的時刻洞悉了那張一直以來沒有人看得懂的畫，並要求他為自己畫一隻綿羊，但聖修伯里竟沒有為此感到開心，他狐疑著為什麼能有人在沙漠裡若無其事地現身，並且急著修理飛機的引擎，也就是讓他墜落在撒哈拉沙漠的、失去功能的自我。

易言之，他沒有認出內心的自己。這預示著聖修伯里未來的命運，他將重演書中的自己，死於意外的墜機。

假性成熟

法蘭茲在分析《小王子》時說，當故事裡出現孩童的母題（motif，情節主題的意思）時，我們都必須決定當下所面對的是必須切斷與壓抑的幼稚陰影面，或者是某件具有創造性的事物，能引領我們朝向新的可能性發展。「孩童既是落後也是超前於我們的。」他可能代表了幼稚的嬰兒期依賴、懶惰、逃避責任，也可能是新生、自發性的天真以及新的希望。原型總是兩者交織在一起的，我們很難將它們分開來面對。當小王子降落在地球的那一刻，他已經落入了現實。重點在於，聖修伯里如何面對內心的孩童？

成長總是兩難的。我們試著使自己不成為令人討厭的大人，同時又不得不稍加收斂內心的孩童。由於這樣的兩面性，我們會發現青少年的內心也相當為難，不知該認同哪一個自己。「成長微妙之處就在於放棄特定的假象，卻不變得憤世嫉俗。」法蘭茲這麼說。那些太早認同現實的孩子，也就是那些被認為早熟、懂事、聽話的孩子，往往是藉由壓抑內心的關愛面而長大的。他們並沒有真的成熟，只是為現實所迫，必須及早斬斷或拒絕自己的童稚面而已。他們會失去生命自然流動的能力，同時在親密關係裡也表現得相當差勁。他們會下意識地找一個情感豐沛或具關愛特質的另一半，然後把照養子女的責任丟給對方。因為孩子會不斷提醒自己，他們的內心有一個被關起來的小孩正等待撫慰。為了不讓內心的孩童被釋放，他們會在親子關係裡選擇逃離。

很不幸地，我們發現很多男性被這種方式教養長大。不少母親都曾告訴我，丈夫的成熟只是假象，他們躲在公司上班不回家並不是真的很忙，只是為了能不回家照顧小孩或一個人躲起來打電動而已。孩子對他們來說比較像是戰利品，用來跟人炫耀自己有一個「正常不過」的家庭生活。但事實上，他從未讓自己屬於那個家庭。為何很多女性在婚後覺得自己是結了婚的棄婦，覺得婚內失戀，原因就跟這些被迫提早長大的男人們在心理上拒絕回家有關。

追逐「可能性」，卻無法真正落實

綿羊又象徵什麼呢？牠象徵著群眾。《聖經》中常常用牧羊人與羊的比喻來形容基督與信徒，因此綿羊象徵著本能的行動，從眾的心理。牠們是純真的、容易受影響，因此牧羊人有責任將牠們導向正途。但也是同個原因，群眾容易受到鼓動，做出平時他們不敢表現的行為。再一次地，我們看到了象徵的二重性質，它總是包含對立的不同面向。當小王子要求聖修伯里為他畫綿羊時，我們可以說，他試著將群眾帶回他孤獨的小星球。易言之，他只想躲在安穩的內心世界，沒有獨立離家的願望。想想看一個單純的孩子，他的內在只有與一般人沒有任何差異的大眾心理，由此可推論，作為大人的聖修伯里，其內心不僅沒有真的獨立，也看不出他的成熟。

他一次又一次地畫了小綿羊，但小王子並不滿意。於是他不耐煩地畫了一個盒子，哄騙小王子說，他要的綿羊就在裡面，而且盒子內還有足夠的草料時，他終於看見了小王子滿意的神情。也就是說，小王子偏愛那些不具體或隱藏起來的事物，從吞食了大象的蛇，到裝著羊的盒子，這些情節都一再暗示讀者，小王子雖然有能力看見表象背後的可能性，卻無法將其中蘊含的潛力予以落實。他不喜歡每一隻被畫出來的羊，一如不停追逐新戀情與新工作的永恆少年，他們只愛這些事物尚未被揭露前的神祕樣態，現實則使他們退避三舍。

熱戀期的朦朧感受是美好的，一旦激情消逝，面對真實的「人」與麻煩的關係時則是痛苦的。開咖啡店的夢想是美好的，但經營一家咖啡店的壓力與煩躁卻又讓他們急著逃離。他們就這樣追著一個又一個的模糊夢想，卻煩躁地無法踩定腳步發展任何有意義的長遠關係。

03

B－612號行星與猴麵包樹——弱小的自我

接著是漫長的對話，聖修伯里得知了小王子的來歷，他是從一顆聖修伯里相信叫做B－612號的小行星中來的，而他之所以想要一隻小綿羊的原因，是他需要一隻羊去吃猴麵包樹的樹芽，以免猴麵包樹長得太過龐大，將小行星給毀了。聖修伯里說必須有夠多的大象才能把這些樹給吃掉，但如果大象要夠多的話，他就得把牠們一個一個給疊起來，如下圖那樣。

這張圖頗有意思，因為我們發現這是很典型的曼陀羅，四方護衛著一個圓心，就是B－612號行星。照聖修伯里的說法，這顆行星哪怕用望遠鏡也不一定看得到，只有一位土耳其天文學家曾經報

告過，但由於他的服裝不入時，因此也沒人當真。直到土耳其人西化改穿歐洲服裝後，全世界才相信B－612號星球的存在。易言之，B－612小行星是聖修伯里內在的自性。它很小，不引人注意，唯一使人注意的方式就是換上一個入時的、合乎世俗標準的人格面具。這裡我們再度見到了聖修伯里對現實的貶低，以及對長大成人的不屑與不適應。

我們繼續觀看這幅圖，可以發現有一疊大象的方向跟其他大象不一樣，這些大象全是面向左方的，但位處右方的大象卻不是如此，牠背對著前方，在畫面中看來很單薄。榮格將人們的心理功能分成四個面向：感官——直覺、思考——情感。我們會有一個優勢功能位處意識層次，其餘的則落入了潛意識中，位於優勢功能對面的劣勢功能更是完全被壓抑在潛意識裡。與其他心理學家強調應盡力發展優勢功能不一樣，榮格認為完整的人格應該要想辦法將劣勢功能發展起來才好。

令人不解的是，聖修伯里在此處使用大象作為象徵，而且是成排疊起來的大象。我們先前談過大象的神聖意涵，但此處的大象並沒有給我們這種感覺，反而是一種沉重的壓力，壓得象徵自性的B－612號小行星喘不過氣來。

被掩埋的「自性」

注意猴麵包樹的附圖，它與前一張圖的大象類似，幾乎包覆了整個小行星，樹總是象徵著大母神、母親意象，但這裡顯然象徵著負向的母親情結，樹幾乎要把小王子居住的星球給吞噬了，一如前面吞噬大象的蛇。這種被母性力量所擊潰的壓迫感反覆出現在這本書的前幾章，彷彿聖修伯里的自我沒有足夠的力量從母親的影響力中逃出來。小王子與他手上的斧頭在這三棵巨樹前顯得毫無用處，因為他無法修剪來自內在的豐富可能性，只能任由他撕毀扯裂自己的生命。永恆少年總是充滿了幻想與好奇心，卻缺乏

將它實踐出來的能力。這幅圖也生動地表現了這一點，他已經失去了形塑個人世界的最佳時機。

孩童不僅象徵著內在的幼稚面，同時也是自性的象徵物。埃及神話裡，太陽神拉每天都會以孩童的面貌重生，因此幼小並不是讓人無力的原因，日本神話裡就可以看見勇敢小孩的故事。比指頭還小的孩童神少彥名就在創世之初乘扁舟跨海而來，與他的兄長大國主命共同創建了國家，然後又翩然地浮舟而去。小王子卻缺乏這種力量，任由猴麵包樹恣意生長。

04

落日與玫瑰——永恆少年的恐懼

故事梗概

啊！小王子，我慢慢地瞭解了你小小而憂鬱的生活。你離開落日的溫柔並不很久。我懂得這新的細節是在第四天早上，當你告訴我說：

「我很喜歡落日。讓我們看落日去……」

「可是我們得等等呀……」

「等什麼？」

「等太陽下山。」

起先你顯得很驚訝，然後你對自己笑了起來。你告訴我說：

「我以為自己還在家裡！」

實際上，大家都知道，當美國正午的時候，在法國正是夕陽西下時。只要能夠在一分鐘之內趕到法國就可以看到落日。不幸的是法國太遠了。可是在那小小的行星上面，你只要把椅子挪移幾步就夠了。

什麼時候你願意，什麼時候都可以看到落日的餘暉。

「有一天，我看了四十三次落日！」

稍後他補充說：

「你知道……當一個人很悲傷的時候，他就會喜歡落日。」

「這樣說來，看四十三次落日那天，你很悲傷嗎？」

可是小王子並沒有回答我。

「無聊」，是因為沒有力量使用內在資源

這一章裡顯示了小王子的空虛與失落。法蘭茲分析道：「假若日落讓你感到悲傷，那是因為在日落之前並沒有足夠的冒險。」她相信所謂的無聊「不過就是當個體不能活在生活中的主觀感受」。日落之所以會讓我們感到平靜與美好，那是因為我們認真

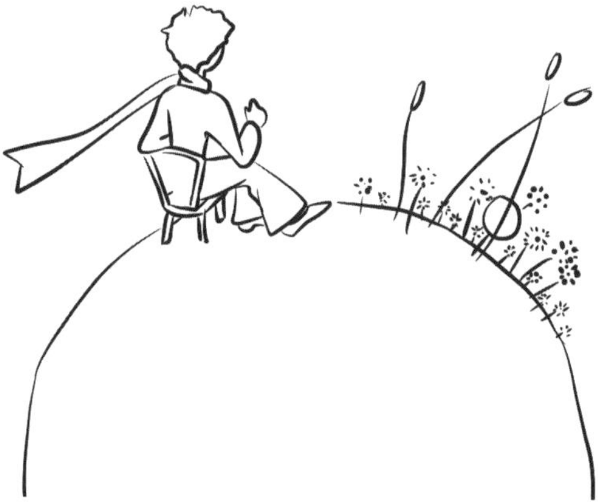

地參與了白天的生活。然而忙碌的人沒有時間看日落，因為下班之後他們忙著接小孩，打理家人的晚餐。易言之，他們坐視自己虛耗了自己的人生，小王子的悲傷正是如此。

青少年最易感到無聊，因為他們沒有能力帶出內在的資源，也就是說，他們找不到適當的方法自我實現。他們的目標很多，畫動漫、設計遊戲、當心理學家、環遊世界、成為攝影師……但他們的自覺都很貧乏。想到未來的人生充滿了工作與責任就讓他們憂鬱得無以復加。

他們覺得人生很難，卻沒想過自己的零用錢怎麼來。他們覺得大人的世界很虛偽，卻不覺得自己的房間很髒亂。永恆少年的多愁善感往往源自此處，也就是虛度生命的內疚。夢想很高，就業環境很艱困。旅行很浪漫，旅費卻很貴。永恆少年躲在相機鏡頭和研磨咖啡機的背後，透過機器觀看和偷取他人的人生。下午茶的恬適與海產店的自吹自擂都不適合他們的年紀，因為他們還未在人生展開冒險。

故事梗概

然後玫瑰和她小小的刺出現了。

小王子的行星上常有一些很簡單的花，只長有一排花瓣的，她們不佔面積，也不打擾人家。她們早上出現於草叢中，晚上就凋謝了。可是這朵花有一天從不知哪裡來的一顆種子裡萌出芽來，小王子曾仔細地觀察過這片與眾不同的嫩芽。這可能是猴麵包樹的新種。

可是這棵灌木很快就停止了生長，並開始準備開花。這位小王子親眼看見這片巨大的瓣芽誕生，很清楚地覺得從那裡將會有奇蹟發生，可是那朵花在她的溫床保護下，卻不停地準備裝扮自己。她小心翼翼地選擇顏色，她花費很多時間穿衣服，她一瓣一瓣地整理自己的花蕊。她不願意開出來後像紅罌粟花那樣皺。她一心一意只想美輪美奐地出現。哦！是的，她豔麗極了！因為她那神祕的沐浴延長了許多許多的日子。然後一天早上，當太陽正上升的時候，她出現了。

而她，很精細地做完了她的工作後，一邊打呵欠，一邊這樣說：「啊！我剛醒來不久……請你原諒……我還一點都沒梳妝呢……」

那時候，小王子壓抑不住心裡的讚美說：「你是多麼美啊！」

「可不是嗎？」那朵花溫柔地回答。「而我誕生的時候剛好太陽……」

小王子早就料到她不會太謙虛，但她卻是那麼動人！

不久她補充說：「我想現在該是早餐的時候了。請你想到我……」

小王子很覺尷尬，他找到一桶水為那花朵服務。

就這樣那朵花很快地為她多餘的虛榮所苦。舉例來說，有一天談到她那四根芒刺時，他告訴小王子說：

「牠們會來吧，那些老虎，有爪的老虎！」

小王子否認道：「我的行星上面沒有老虎，何況老虎又不吃草。」

「我不是草。」那朵花溫柔地回答。

「喔！原諒我……」

「我不怕老虎，但是我怕風。你沒有屏風嗎？」

「怕風？……這就糟了！」小王子注意到這一點。「這朵花相當複雜。」

「晚上你把我放在玻璃罩裡，你這裡很冷。我來的那個地方……」

但她打斷自己的話。她來到這裡的時候還是一顆種子。她還沒見過識過別的世界。因為撒了這樣令人驚異的謊，很覺慚愧，於是咳嗽了兩三聲，並歸咎於小王子。

「我的屏風呢？」

「我正要去找，但你一直對我說個不停！」

然後她又乾咳了幾聲，算是她對他的一種譴責。

就這樣，儘管小王子一片好意地愛護她，卻也很快地懷疑她。小王子把無關緊要的話也看得很認真，他因此變得鬱鬱寡歡。

有一天他向我表白說：「我不應該去理會她的話。我們不應該理會花所說的話。我們應該只欣賞她們，只聞她們的芳香。這朵花使我的行星充滿了香氣，但是我卻不曉得去享受。那使我很生氣的有關爪牙的故事本來應該使我感動的。」

他又坦白地告訴我說：

「當時我不曉得去瞭解！我應該根據她的行為而不是依據她的話語去判斷她。她使我充滿香氣與光芒。我不應該逃走！我應該猜想得到她那些可憐的詭計後面所蘊藏著的溫柔。花是這樣的矛盾！但我當時太年輕了，還不懂得愛她……」

「再見！」他對花說。

但是花沒有回答他。

「再見！」他又說了一次。

那朵花咳了幾聲。但是這不是因為她著了涼。終於，她對小王子說：「我以前真傻，請你原諒我，一定要讓自己快樂！」

小王子很驚訝沒受到譴責。他站在那裡，拿著玻璃罩，呆住了。他不瞭解眼前這種平靜的溫柔。

那朵花對他說：「不錯，我愛你。你一直都不曉得，那是我的過錯。這個沒有關係，但是你也和我一樣傻。一定要讓自己開心！把這個玻璃罩拿開，我不再需要它了。」

「可是，風呢……」

「我並不是那麼容易傷風的……夜晚的涼風對我有好處。我是一朵花。」

「要是動物來了呢……」

「假如我要跟蝴蝶交朋友，我得養兩三隻毛毛蟲。他們看起來很漂亮。不然的話誰來拜訪我？你，你將遠遠地離開我。至於那些大點的動物，我一點也不怕。我有我的芒刺。」

於是她天真地把四根芒刺給他看。然後她又說：

「不要這樣扭扭捏捏的，這樣很討厭。你既然決定要走就走吧！」

因為她不願意小王子看到她哭。這是一朵非常驕傲的花……

拒絕「磨合」以逃避自我修正

明眼人都清楚，聖修伯里談的不是花，而是他的初戀。這樣的矛盾愛戀通常不會持久，因為年輕人不懂得如何在激情的碰撞之後調整彼此的步伐。他們只是逃開或者怯於負責，要負責地待在關係裡是一件很難的功課。除非我們已經熟悉自己的稜角，否則我們只會要求對方要避開自己也很陌生的稜角。永恆少年很難熬到默契的自然產生，因為現實中的那個人等同於現實，都是難以忍受的。玫瑰和小王子一樣驕傲，他們共享同一份幼稚。所以法蘭茲才說：「舉凡此人是幼稚的，就只有一個療癒方式，那就是受苦。當個體受夠了苦難，就會得到發展；沒有其他得以避開問題的方式。幼稚的核心免不了要受折磨。」

想想神話裡的孫悟空，憑藉觔斗雲他可以輕易地來到西天，但接受取經任務的他，卻被迫耐著性子，徒步陪著師傅唐三藏以及兩位師弟，一步一腳印地度過九九八十一難，以便完成這個宏大的任務。孫悟空受的處罰不僅是五指山下孤獨的五百年，更包含日後必須用雙腳與大地完成深刻的連結。直到一切結束，孫悟空被封為鬥戰勝佛，這個成佛的結局就是他受夠苦難，幼稚的核心終於得以轉化的證明。而這一切都回應著永恆少年的議題。

愛上自我的投射

兩個單純的戀人卻因為自己的驕傲而分手，這是小王子之所以離開自己小小星球的緣故。從他的自述裡我們知道，他是乘著候鳥來的。玫瑰花是熱情的象徵，在西方文化裡，玫瑰是愛神維納斯（Venus）的代表，同時是維納斯鍾愛卻早逝的戀人阿朵尼斯（Adonis）。嬌弱美麗卻帶著刺的玫瑰花就是他的阿尼瑪（anima），也就是他內心的靈魂女性。深度心理學認為，我們的內在都是雙性的，同時擁有自身及異性別的靈魂，在男性心中有女性靈魂（榮格稱為阿尼瑪），女性心中則有男性的靈魂（榮格稱為阿尼姆斯，animus）。所謂的「情人眼裡出西施」正是因為我們把內心的阿尼瑪或阿尼姆斯給投射在眼前的人身上，因此我們愛上的人恰好就說明了我們是哪一類人。

阿尼瑪的形象隨著男性的心理成熟度而有差異，如果玫瑰花是驕傲的，那麼深受這朵自負而幼稚的玫瑰所吸引的小王子，或許也有類似的毛病。從我們心理投射出去的情感與期待在與現實相互檢核之後，總有一天還是得收回，熱戀期的結束、愛戀的消失往往與此有關。粉紅泡泡破滅後，原有的不滿、憤怒、悲傷與自憐又重新湧現，小王子的離開與其說是受不了玫瑰花的態度，不如說是永恆少年的固有特質，他們是活在期待中的，但令他們不解的是：為何每個人、每件事都不符期待？

投射終於收回的那一刻，離開的時候

深度心理學小學堂 08：阿尼瑪

榮格認為，阿尼瑪是潛意識裡的原型之一，她是女性的靈魂，存於男性的心靈中。而女性的心中同樣有男性的靈魂，稱為阿尼姆斯。我們的愛戀對象往往就是內心的阿尼瑪或阿尼姆斯投射在他人身上所造成的。阿尼瑪與阿尼姆斯會經歷四個階段的發展，從中可以推論當事人的人格變化。

就到了。或許這是戀愛使人成長的最重要原因吧！因此小王子之所以願意離開B－612號星球，不能不說是愛情給他的勇氣（或許說失去愛情更為貼切）。他接連拜訪了六個小行星，遇見了裝模作樣的國王、虛榮的人、酒鬼、商人、點燈人和一位地理學家。這是小王子終於離開內心幻想走向真實世界的開端。但劇情中仍透露了他還會再歸返的訊息，因為他是藉著候鳥離開的，我們都知道，候鳥來年還會再返回同個地方，這是為什麼故事最後在小王子來到地球滿一年時他決定回家，只是這次沒這麼順利了。這部分我們稍後再談。

貶抑勞動的價值

先回頭談這六個小行星遇到的人，拜訪這些人的經歷很明顯地透露了聖修伯里對長大的失望，他甚至透過小王子對自己的責備來表達對自己的失望。小王子指責他的漫不經心說：「你說話像那些大人！」整天講一些自以為嚴肅的事情，但除了加法以外什麼都沒做過，這不是人，這是蘑菇！同樣明顯地，是除了點燈人之外，他對其他人並不怎麼同情。點燈人的工作雖然簡單，但自從那顆行星的自轉速度越來越快，每隔一分鐘就會日出、日落，他也就沒有了休息的時間。然而點燈人卻不知道怎麼應付這個過時的任務，只能如常地執行下去。他的角色令我們想起卡繆在《鼠疫》裡所描寫的小公務員葛朗，一個慎小謹微但注定被辜負的人物。

這種日復一日、毫無意義的勞動正是永恆少年最頭痛、最難以跨越的部分，法蘭茲就發現，歐美的永恆少年們特別嚮往飛行，因為這份工作象徵性地離開了沉重的地面。我們下一篇要談的故事《彼得潘》也同樣如此。台灣的永恆少年們則喜歡旅行和攝影，我多次在不同文章中談到他們是如何藉由觀看他人的人生來假裝參與自己的人生。如果說小王子對點燈人感到同情，對於其他的五個大人他則感到很無趣，我們從聖修伯里的描述中可以發現，他想像中的大人世界總是虛偽的，而且充滿數字，不能感受到個人的獨特。他確實表現出永恆少年直觀的感受力，一如後面要談到的狐狸，他將告訴小王子，滿園的玫瑰與馴服的玫瑰擁有完全不一樣的意義。馴服的玫瑰是獨特的，滿園的玫瑰只是數字。狐狸的教導其實對小王子而言並沒有多大意義，因為永恆少年本就理解這個。這是為何小王子最終背棄狐狸，尋求死亡的原因。關於此點，我們後面再談。

永恆少年並不缺乏感受力，他們真正不理解的是勞動的價值。勞動的價值在於牢牢地使我們的心靈專注在肉體上，而不是飛躍到不可知的地方。它是由下而上的，勞動藉由改造世界或成為世界運作的一部分來參與世界，但這個過度強調大腦、理性的時代卻貶抑了這一點。我想這不可不說是使永恆少年議題日漸普遍的社會文化因素。

05

狐狸與馴服——為關係負責

故事梗概

在地理學家的推薦下，小王子的冒險之旅來到了第七站：地球。他在這裡浪遊了一年，見到了滿園的玫瑰。他很傷心，原來他的玫瑰不是全宇宙唯一的玫瑰。

就在那個時候出現了一隻狐狸。

「你好！」狐狸說。

「你好！」小王子很有禮貌地回答。

他回過頭來，但什麼也沒有看到。

「我在這裡。」那聲音說：「在蘋果

樹底下。」

「你是誰啊？」小王子問：「你很好看……」

「我是狐狸。」狐狸說。

「來跟我玩吧！」小王子向他建議道：「我很悲傷。」

狐狸說：「我不能跟你玩，我還沒被馴服。」

「啊，對不起！」小王子說。

但想了一會兒後，他接下去說：

「什麼叫『馴服』？」

狐狸說：「你不是這裡的人。你在找什麼？」

「我在找人。」小王子說：「什麼叫『馴服』？」

狐狸說：「那些人嗎？他們有槍，他們打獵，這很討厭。但他們也養雞，這是他們唯一的好處。你在找雞嗎？」

小王子說：「不，我在找朋友。什麼叫『馴服』？」

「這是件被遺忘的事。」狐狸說：「馴服就是『建立關係』。」

「建立關係？」

狐狸說：「不錯。對我來說，你只不過是個小孩，跟其他成千成萬的小孩沒有分別，我不需要你，你也一樣不需要我。我對於你也只不過是一隻狐狸，跟成千成萬其他的狐狸一模一樣。但是，假如你馴服我，我們就彼此互相需要。你對於我將是世界上唯一的，我對於你也將是世界上唯一的……」

「我開始懂了。」小王子說：「有一朵花……我相信她馴服了我……」

狐狸教我們的事

動物教會了我們重要的事物，這是許多童話的母題。

狐狸是他來到地球後遇到的第二個生物，第一個生物是一條黃蛇，牠捎來死亡的訊息。牠一眼就看穿小王子是純潔的，來自星星。牠可憐小王子如此軟弱，因為地球是一顆充滿花崗岩的星球。這裡再度出現輕與重、上與下的對比。黃蛇告訴他，哪一天當小王子懷念起自己的星球時，牠可以幫上忙，因為牠總是能送東西回原來的地方。生命來自死亡，蛇預示著小王子不適合地球這顆孕育萬千生命的沉重星球。

接著，小王子遇見了狐狸，後者告訴他一個已經遭到遺忘的真理：建立關係。這可說是來自潛意識的禮物。狐狸在世界各地的文化裡都有負面的意義，在中國，狐狸精是用來貶抑女性的詞語，但這通常是男人自己邪淫幻想的投射。狐狸也有機智多變的意思，這在東西方都一樣。而日本各地的稻荷神社（也就是土地公廟）都是祭拜狐狸的。我們或許可以說，狐狸對應著土地本身與女性的靈巧智慧。

狐狸的習性介於狗與狼之間，既不被人馴服，也不與人敵對，人們可以輕易地在郊外看見牠，但牠卻躲著我們，因此具有跨界者的身分。這是為何中國傳說裡的狐仙總是愛與恨的集合體，因為牠就是潛意識的使者。關於狐仙的傳說，日後我想用另一本書專門談他。狐狸告訴小王子，重點是建立關係，但很可惜地，在我看來小王子或許沒有完全聽懂狐狸的意思，他雖然因此明白了自己與玫瑰的關係，卻在生命的大門止步不前。

狐狸的話語裡有更重要的意涵，小王子必須馴服自己的生命，只有那樣，他與長大後的自己或與這個現實世界的關係才會是獨特的——換言之，蛇提供了死亡，狐狸卻教導了生命。生命雖然有限，卻可以是獨特的。要使我們的生命不是他人生命的重複的唯一方式，就是建立關係。但小王子仍舊耽溺在感傷之中，他回顧了過去，卻沒有活在當下。他總是回看起點，卻沒有望向終點。他想念他那朵玫瑰。於是他做了他最擅長的事：放棄。他拋棄了在地球認識的狐狸，一如先前他拋棄了在家鄉認識的玫瑰。

故事梗概

「再見！」他說。

「再見！」狐狸說：「這就是我的祕密。它很簡單：只有用心靈，一個人才能看得很清楚。真正的東西不是用眼睛可以看得到的。」

「真正的東西不是用眼睛可以看得到的。」

小王子重複地說，以便牢牢記在心裡。

「你為你的玫瑰花所花費的時間使你的玫瑰花變得那麼重要。」

「我為我的玫瑰花所花費的時間……」小王子重複地說，以便牢牢記在心裡。

狐狸說：「一般人忘記了這個真理。但是你不應該把它忘掉。你永遠對你所馴服的負責，你對你的玫瑰花有責任……」

「我對我的玫瑰花有責任……」小王子重複地說，以便牢牢記在心裡。

不願為關係負起責任

但是狐狸仍然試著教會他第二與第三件事：真正的東西不是用眼睛可以看得到的，

以及永遠要對所馴服的事物負責任。只要仔細思考就能發現，前者對小王子來說並不真的深刻，因為他從不缺乏這項能力，所以他能一眼看穿那隻吞了大象的蛇。「負責」才是狐狸真正要告訴他的，但顯然小王子沒有打算為狐狸負責任，他像每個總會犯錯的年輕戀人，相信舊愛永遠最美。也就是說，他們只會愛上那些尚未發生或者已經失去的事物。一如他觀看了四十三次日落。

狐狸的忠告最終只能是徒勞。作為跨界者的牠不是為小王子帶來了清晰的訊息嗎？一如《聊齋誌異》裡的描述那樣，〈醜狐〉故事中的狐狸為落魄書生帶來了財富，〈小翠〉中的狐狸為苦惱的父親帶來了聰明的兒子。人可能善用這個來自潛意識的使者帶來的訊息，也可能置之不理。小王子便是置之不理。聰慧敏感的他絲毫不明白他正犯下重複的錯誤。拒絕內心訊息的結果，拒絕對生命負責的代價是什麼？就是死亡。

如果我們比較蛇與狐狸，就知道牠們給小王子的是完全相反的建議。蛇建議小王子逃避生命，回到它的起源處：死亡；但狐狸卻要求他留在真實的生命裡。小王子最終選擇了前者。

負責是用來辨識一個人是否成熟的最關鍵品質。每次肯定都伴隨著否定，舉例來說，當我選擇今晚熬夜玩電動時，我就拒絕了睡眠。時間是有限的，每個選擇因此都有代價。能清楚意識到選擇的成本，並能負擔那個成本，就是長大成熟的特徵之一。而時間的有限同時也讓我們必須奮力地聚焦，在有限的資源下盡力發揮個人的潛能。

被永恆少年原型佔據的人們卻做不到這一點。他們只是期待，然後放棄，他們的眼光停留在過去，直到老之將至，悔恨充滿了他們的靈魂為止。

告別了狐狸後，小王子遇見了火車乘客與賣口渴藥丸的商人，這象徵著他給世界的第二次機會，結果是再一次地失望。聖修伯里無法肯定長大這件事，一如車站人員說，從來沒有人安於自己所在的地方。所以他又回到了這片墜落的沙漠，在遊歷地球整整一年後，他想起了蛇的建議。還記得蛇的第一次現身嗎？牠告訴小王子：「我揭開所有的謎底。」，然後兩人就不再說話。聖修伯里發現了他的異狀，試圖將蛇趕跑，但小王子已經完成了與蛇的交易。

06 蛇與死亡——慣性逃避

故事梗概

「那天晚上我沒有看到他啟程。他無聲無息地跑掉了。當我終於又追上他時，他毫不猶豫地快步走著。他只簡單對我說：

「啊！你在那裡……」

他牽了我的手。但是他又痛苦地說：

「你錯了。你將會難過，我將會看起來像要死去一樣，而這將不是真的……」

我一句話也沒說。

「你懂嗎？路太遠了，我沒辦法帶走我的軀體，這太重了。」

我默不作聲。

「但是這個將像是你遺棄了一個舊殼。丟掉舊殼並不值得傷心……」

我默默無言。

他有點氣餒，然而他又鼓起勇氣來，說：

「你知道，這個將很可愛，我也將看那些星星，所有星星將有一口生鏽了的轆轤的井。所有的星星都將給我水喝……」

我一言不發。

「這也將非常好玩！你將有五萬萬個小鈴鐺，我將有五萬萬口井……」

他也沉默了下來，因為他哭了……

「就在那裡，讓我獨自一個人走到那裡去。」

但是他坐了下來，因為他心裡害怕。

他又說：

「你知道……我的花……我對她是有責任的！她那麼軟弱！她那麼天真。她只不過有四根芒刺來抵抗這個世界……」

我，我坐在那裡，因為我站不起來，他說：

「就這樣……這就是一切……」

他猶豫了一會兒，然後他站起身來。他向前走了一步；我，我一動也

不能動。

在他站立的地方只不過有一些黃光。他一動不動地站了一會兒。他並沒有叫出聲來。他輕輕地像棵樹般倒了下去，甚至於一點兒聲音也沒有，因為他是倒在沙地上面的……

拋棄責任，將使生命縹緲不實

蛇一直是神話裡的敵人，但牠又是個救贖者。牠象徵著死亡，同時象徵重生。所以蛇杖才會成為全世界醫療單位與人員的符號。牠自始就洞悉了小王子的悲劇，沉重堅硬的花崗岩星球不適合來自天空的星星王子，蛇應允的自由必須以死亡做代價。對小王子的選擇，聖修伯里無言以對。他已經修好了飛機引擎，找到了水井，理論上此時的他應該對生命充滿希望才對，但他卻無法在死亡面前肯定生命，這點非常奇怪，也透露了聖修伯里本人的命運。或許四十四歲那年，他是受到某種牽引而走向意外的。

因此我們書裡最後只瞧見一個懦弱的中年人在面對生命的叩問時無話可說，無言以對、沉默，最後是無可動彈，彷彿他的精力都被稀釋，被迫成為自己生命的旁觀者一樣。對比於候鳥帶小王子離開B－612行星時的輕盈，來到地球，也就是活在現實世界一年後，他變得更真實了，但也因此軀體變得沉重。這回小王子已經無法讓候鳥帶走自己的身體，他必須拋下它，用他的話來說，好像一個舊殼，而且不值得珍惜。

看見了嗎？再一次，小王子選擇了拋棄。

如果我們總是拋棄眼前的機會，最終我們就是拋棄了自己。碰到困難就逃避，遇見重複就放棄。生命的可能性只能在現實生活裡被展開，但永恆少年很難接受這一點。小王子的悲劇就在於他好不容易選擇了冒險，卻仍在結局時退回到安全。地球的經歷本來可以讓永恆少年慘白的意象變得具體的，不過他卻沒有堅持下來。即使遭遇了這麼多故事，卻仍彷佛一切都沒有發生。「他輕輕地像棵樹般倒了下去，甚至於一點兒聲音也沒有。」

聖修伯里渴望再有一次機會。於是故事的結尾是：

故事梗概

這個就是，對我來說，世界上最美也最悲傷的風景，這是跟我上一頁一樣的風景，但是我再次畫給你看以便很清楚地顯示給你，就在這裡，小王子出現在這個地球上，然後消失了。

請你仔細地看這幅風景，以便真確地認出它，假如有一天你在非洲沙漠上旅行。假如有一天你從那裡經過，請你不要走得太匆忙，請你在星光底下稍等一會兒！假如那個時候，有一位小孩走近你；假如他笑了；假如他有一頭金色的頭髮；假如有人問他他不回答，你一定猜得到他是誰。那個時候，請你行行好！不要讓我太傷心，寫信告訴我，他回來了。

我們該如何活在真實之中？

然而如果小王子再度返回後，聖修伯里能做些什麼呢？他渴望重複的是什麼？在小王子放棄了生命，而他用無力與無言放棄了小王子之後。聖修伯里耽溺著永恆少年的意象，渴求再一次復返他的少年與兒童期，那個單純、不經世事的往日時光。我們幾乎可以肯定地說，這樣的人沒有能力經營好成年人的任務，不論是工作，還是養兒育女。

最後一幅畫呈現的是一片死寂，它幾乎是空無一物，令人聯想起B－612號行星上的死火山。其實不僅這幅畫，就連小王子的畫像本身也空洞而平板。法蘭茲就特別指出，這幅畫與結尾感性的話語不太一致，彷彿透露出與小王子的訣別是一件勢必得結束的事，但他內心卻不這麼想。這就像是他切斷了自己的感受，讓它無從發揮作用。法蘭茲也提醒我們回想一下小王子是如何評論他那座死火山，「搞不好！」也就是說，誰說得準呢？死火山隨時可能突然爆發。那些將感受與思想切斷的人就很容易這樣，他們「就事論事」，好像情感本來就不起作用。

我常在課程裡遇到這類人信誓旦旦地跟我說：「我不會作夢！」他們總是期待某件事發生，因為「理性」告訴他必然如此，因此他們不管投入什麼事總是隔著某種距離。這對所有的關係都有極大的殺傷力。他們包著理性的薄膜過生活，因此從來不在生活裡。你可以隱約感受到這些人流露出的疏離感，知道他只是行禮如儀地跟人應對進退。如果這樣的人來學心理學，就真的只是在「學」心理學，而不是將它應用在生活裡。這樣的人如果接觸宗教，也只是純智性地進行教義研討，不會產生直接的靈性體驗。

瑪麗－路薏絲．馮．法蘭茲相信，不僅是快樂，永恆少年連悲傷都無法感受。如果能有那麼一次去感受到不快樂，那麼他們就會真正成為一個人。但永恆少年卻沒有那份寬容與勇氣來使自己暴露在這樣的情境裡。因此《小王子》一書引起的普遍共鳴，或許多少說明了這個時代的心理問題。

結語

永恆少年的議題是如此普遍，從青春期一直延伸到成人早期都能看見這樣的心態或行為。容我再提醒一次，他們是單純而真誠的，卻沒有根。他們嚮往著「輕」，卻不知道那總是聯繫著「重」。易言之，自由與責任是同一事物的對立面，他們僅能模糊地感知這件事，卻不真正明白這件事。他們嚮往飛翔，嚮往遠方未曾經歷的故事，卻因此失去了自己的故事。《小王子》一書清楚卻悲傷地表達了這一點。最終他沒能回到自己的小行星，又未能在地球上陪伴他的狐狸。他失去了自己，也失去了生命。離了土的花，說什麼也不能長久。只能在行將枯竭之時，盡力吐露最後的芬芳。真正的生命有比感傷更重要、更深刻的事物。承擔起這些，才能得到意義與幸福。擺脫永恆少年原型的負面影響之所以重要便在此處。

PART — 4

《彼得潘》

拒絕長大的孩子

永恆少年的黑暗面

如果說《小王子》的永恆少年形象留給我們的是無力與哀傷，那麼《彼得潘》或許會給人歡樂與恐怖交雜的深刻印象。故事裡的永無島（Neverland）是一個奇特的地方、冒險的樂園以及彼得潘的居所。它的英文名稱（never land）暗示著那裡並不存在，無法抵達，其心理學意義我們在文中會繼續說明。永無島的冒險有一種血腥的氣氛，彼得潘本人的性格也遠不只是淘氣而已，還時時流露出無情的殘酷本質。這一切都與永恆少年裡的少年神相仿，淘氣的希臘少年神赫密斯的誕生故事就與殺戮有緊密的關係，他甫出生就偷走了哥哥阿波羅的牛，他將牛殺盡做成了烤排分享給諸神。當事跡敗露後，他漫遊至河邊看到一隻大龜，騙牠做了一筆死亡交易，用牠的殼製成里爾琴，獻給阿波羅作為和解的禮物。

永恆少年是黑暗的，縱然他也有光明面。孩童形象象徵著重生的自性，但沒有死亡，如何重生？因此重生聯繫著死亡。個體化之旅伴隨著危險，如果永恆少年拒絕長大，那麼內在的自我實現衝動與肉體的成長必然會與之作對，最終都會毀了我們自己。說句玩笑話，有些行為只有年輕人能做，有些衣服只有年輕人能穿，不論我們再怎麼緊抓青春童真的形象，都無法讓時間永遠停在十七歲。在《愛麗絲夢遊仙境》裡，帽匠得罪了時間，因此與三月兔永遠地卡在下午茶時光。任憑時間流逝，故事說盡，下午茶仍永不休止。他們身邊滿是用髒的茶杯與茶壺，卻沒有時間清洗。他們的生活只剩永恆的現在，雖然不需冒險，卻停止了創造。

永恆少年的內在總是充滿豐富的幻想，即使外表看起來似乎毫無長進也是如此。這樣豐盈的內在財富常常會反過來變成吞噬我們的黑暗力量，因為它的多采多姿將使我們過分地沉迷在那裡，一如沉迷於遊戲或網路的孩子，沉迷於它的代價就是死亡。即使不是肉體的死亡，也是生命意義的死亡。啃老、繭居、足不出戶、拒學、缺乏任何有建設性的生產力，最後是帶著愧疚老去。關於成長這件事，永恆少年只能接受它，或者被它殺死，中間沒有其他選項。

J. M. 巴里爵士

J. M. 巴里爵士（Sir James Matthew Barrie,1860-1937），蘇格蘭的劇作家與小說家，因創作了一系列與彼得潘有關的作品而聞名，一直到 1911 年才將這連串成功的戲劇改寫成小說《彼得潘與溫蒂》。主角的名字取自希臘神話中的牧神潘，小說的版權在他晚年捐給了倫敦的兒童醫院。

01

永無島與彼得潘——對永恆冒險的沉迷

故事梗概

除了一個孩子，所有的孩子都會長大。孩子們總是到了兩歲就會明白這件事。兩歲既是開始也是結束。這本書的女主角溫蒂是這樣發現的，達林太太（也就是溫蒂的母親）將溫蒂送她的花放在胸口，感動地說：「噢，你要是一直像這樣子多好啊！」在溫蒂之後，接著出生的是約翰，然後是麥可。他們姊弟三人總是排成一排，在保姆的陪伴下一起去上學。他們的保姆叫做娜娜，是一隻狗。這隻狗讓達林先生有點困擾，因為他覺得娜娜似乎不夠尊重他。但達林太太向他保證，娜娜非常敬佩他！直到彼得潘出現之前，世界上再也沒有比他們更樸實快樂的家庭了。

以停滯於童年來拒絕現實

每個人的心中都有一座永無島（Neverland），溫蒂、約翰和麥可也不例外，但他們的永無島離不開家庭模式。玩耍的孩子們總是拖著小船登上這些神奇的海灘。我們也到過那個地方，我們到現在還聽得見浪潮聲，雖然我們再也無法上岸了。作者繼續描寫永無島，「在所有令人愉悅的島嶼之中，永無島是最舒適、最緊湊的，島不太大，也不會太分散，從一個冒險到另一個冒險的距離恰到好處，十分緊湊。白天你用椅子和桌巾玩遊戲時，一點也不會感覺到它的存在，但是在你入睡前的兩分鐘，它就變得非常真實，這就是要點夜燈的原因。」

每個孩子都會長大，每個孩子都明白這件事。我們受到時間的影響，從小寶寶變成了小朋友，然後有一天，我們會變成大人。孩子總是以為大人狀態是一夕之間完成的，所以他們總會在一覺過後急著問你：「我長大了嗎？」或者在吃完午飯後大聲地宣稱：「我長大了！現在我要喝咖啡！」但矛盾的是，如果你的孩子下面有手足，他又會意識到一種微妙的競爭，一邊耍賴，一邊嚴詞正告：「我現在是小寶寶，我不會自己穿鞋子！」而小孩成長到大人之間的階段有多漫長啊！每個父母都曾經為這樣的轉銜期煩惱過。

童年期的幻想逐漸受到大人世界的進逼，考試、學校、分數、成績單、科系選擇、畢業出路，乃至婚姻與家庭，所有這一切都需要我們調集心理的能量，將資源集中在意識層次上，當心理能量越集中在意識，我們就越無法顧及潛意識的幻想。心理能量的重新分配可不是簡單的事，它涉及的是艱困的拔河，因為意識自潛意識處誕生，幼稚的心靈往往沒有足夠的主導權來決定先後順序。有些孩子走得快，有些孩子走得慢，更有些孩子一開始走得快，但沒多久卻大幅落後了。許多上了國、高中後適應不良的孩子遁入了手機遊戲或網路世界尋找安慰，他們的心思在哪裡？就在永無島。

永無島裡有無休止的冒險，永遠充滿樂趣。但別忘了它的名字叫做 Neverland，也就是說，這座島嶼並不存在。但說它不存在也不客觀，它至少曾經在我們的心裡，陪著我們長大。就算是大人，也偶爾會在夢境裡、白日夢中見到它。孩子的潛意識心靈比起我們更為活躍，所謂成長，或許就是要拿捏好現實與永無島之間的分寸吧！永恆少年的困難之一，就是離不開這座島。他們貶抑外在的現實世界，拒絕長大。猶如我們即將看到的彼得潘。

故事梗概

孩子們開始談到彼得潘這個人。達林太太想不起這個名字，但當她開始回想童年時，便想起了這位彼得潘，據說他和仙子們住在一起，還有許多關於他的傳說。例如，當孩子們死了之後，他會陪著他們走一段黃泉路，免得他們害怕。那時她也這麼相信，但她現在結婚了，懂事了，非常懷疑是否真有這個人？孩子們對這些傳說深信不疑。那天晚上，孩子們和平常一樣上床睡覺，她也睡著了，但不久後她驚醒，發現了那個男孩。不知為何，達林太太立刻就知道那是彼得潘。他是一個可愛的男孩，穿著用枯葉脈和樹漿做成的衣服，長著一口乳牙。當他發現達林太太是大人時，就朝她齜牙咧嘴。一陣尖叫後，娜娜跑了進來，撲向彼得潘，但他卻輕盈地從窗戶跳了出去。娜娜嘴裡叼著東西，是彼得潘的影子！

位於英國倫敦肯辛頓花園（Kensington Gardens）的彼得潘雕像。

與現實敵對的永恆少年

彼得潘出現了！他不再是孩子們的傳說，而是真真實實的人。達林太太在小時候也聽過這個名字，但她長大了，就不再相信他的存在。正如我們都去過永無島，只是長大後的我們再也無法上岸。認同現實並不是壞事，只是人類並非機器，不可能以純智性的方式過活。或許作者要表達的正是這個。方才說過，成長需要我們拿捏好現實與永無島之間的分寸。永恆少年離現實太遠，而大人們又離現實太近。這樣都不是中庸之道，也讓我們的人格難以完整。

彼得潘的存在具有矛盾的特質。我們先看看他的外表，他穿著用枯葉脈和樹漿做成的衣服，長著一口乳牙，看到大人就齜牙咧嘴。這都說明了他的年紀，而且他從來沒有長大。他是個永遠的青少年，永遠的孩子。對於任何大人的事物都深惡痛絕。但弔詭的是，我們後面會看見，這個不想長大的男孩想要個媽媽。為什麼？因為他需要有人晚上幫忙蓋被子，白天幫忙補衣服、縫口袋。沒有口袋的衣服是很難用的。

彼得潘對大人（也就是媽媽）的描述都是純器物性的，用深度心理學的話來說，他顯現出一種過度發展的直覺功能，因而將與其對立的感官功能壓抑在潛意識裡。孩子們都是直覺敏銳的生物，這是為什麼父母親在照顧他們時特別辛苦的原因。直覺功能與感官功能彼此對立又相互補償。父母親得擔負起照料孩子身體的義務，易敏的皮膚、玩過頭就忘了喝水和上廁所的本性、對蔬菜的討厭、對甜食和水果的過分攝取、拒絕上床休息等習慣，簡單說，我們照料的是一頭無法自我照顧的小動物。

尋找另一人來補償自己的缺失

優勢功能的過度發展最終都會帶來厄運，真實生活裡我們總會碰見無法用特定心理功能解決的生活領域。這時最常見的解決方法就是尋找另一個人作為自己的補償，這是彼得潘為什麼需要媽媽的原因，因為他拒絕長大。這種特質也很致命，因為成長不會停下腳步。想想我們的身體，它知道什麼時候該抽高，什麼時

深度心理學小學堂 09：心理功能

榮格認為，每個人都有四種心理功能，兩兩一組，分別是：1、感官－直覺；2、思維－情感。組內的兩個功能彼此對立，如果我們的某一個功能是優勢功能時，對立的那一個就變成劣勢功能。至於剩下的另一組就是輔助功能。

候該增重。很不幸地，等時間一到，它也會讓頭髮變白、皮膚長皺，接在生命終點的，是死亡。所有想要永久停留在某種階段的企圖都會失敗，生命從不等人。不僅身體如此，心靈也是一樣。停滯的企圖與自我實現的願望是並存的，心靈中的每種元素都彼此矛盾，有多少愛就有多少恨，反之亦然。永恆少年的內心受到這種矛盾的驅使，他有多拒絕現實，就有多被現實吸引。這是為何我們總會在拒學症的孩子身上看見強烈的「分裂」與「否認」的防衛機轉，而這樣的拉扯最終會使人走向毀滅。

關於彼得潘的第一則傳說，竟然就與孩子的夭折與黃泉路有關。這難道是巧合嗎？還是作者無意識地敏察到了永恆少年原型的黑暗面呢？

深度心理學小學堂 10：分裂與否認

精神分析用「防衛機轉」來說明自我為了降低焦慮而採用的方式。其中，「分裂」指的是將內在矛盾的經驗區分開來，以避免兩極對立帶來的衝突，因此我們習慣用二分法來看事情。「否認」則指拒絕覺察外在世界中與自己經驗不相符的面向，也就是看不見、聽不到那些自己拒絕接受的訊息。

02

出發與飛行——掙脫父母的束縛

故事梗概

達林太太仔細地檢查了那個影子，但只是非常普通的影子。她小心地將影子捲起來，小心翼翼地放在抽屜裡。這卻讓彼得潘有了再度闖進房間的理由，於是就在達林先生與達林太太不在家的某個晚上，彼得潘又溜了進來，但發現影子黏不回去，他哭了起來，因此遇見了溫蒂。溫蒂問他哭的原因？叫什麼名字？住在哪裡？彼得回答：「第二個路口右轉，然後一直向前走，直到天亮。」溫蒂問他有沒有媽媽，他說：「沒有媽媽。」他不但沒有媽媽，而且根本就不想要什麼媽媽。他覺得人們實在太高估了媽媽的角色。然而，溫蒂立刻想到他應該是遭遇了悲慘的事。但彼得卻氣憤地說，他是為了沒辦法把影子重新黏回去而哭的，不是為了媽媽。溫蒂馬上想到了方法：用針線縫回去！

否認自身的失落以確保獨立性

影子說明了彼得潘的雙重性質，他既是那位不老的青春少年神，又是個擁有真實重量的人。依我們對彼得潘的瞭解，我想他並不需要這個影子。但有趣的是他卻回來找影子了，而且還試著將影子給黏回去。但正是他企圖尋回影子的企圖，才使他進入了這戶「樸實快樂的家庭」。換言之，我們可以將它視為永恆少年內心也想要回歸現實的潛意識願望。前面提到，停滯與成長的願望總是矛盾地彼此存在，彼得潘找影子的舉動指出了這一點。作為彼得潘的阿尼瑪，溫蒂提的問題全部都緊扣著現實而發，溫蒂問他為什麼哭？叫什麼名字？住在哪裡？有沒有媽媽？這都是永恆少年不太關切的問題，包含情緒狀態、自我認同、安全與庇護，以及家人與親密關係。

果不其然，彼得潘很快就否認了。他覺得人們高估了媽媽的角色，同時也否認自己哭的原因跟這有關，純粹是因為影子無法用肥皂黏回去。我們再一次看見永恆少年沒有能力處理自己的陰影，肥皂是清潔劑，彼得潘想要重新擁有影子的方式竟然是把它洗掉！換言之，他是用否認的方式來挽回自己失落的一角，難怪不會成功。我們從書中的描述知道，溫蒂與彼得潘約莫在同個年紀，但溫蒂顯然就是彼得潘需要的那個補償，她知道應對現實的方法，如果不能黏，就用縫的。縫紉屬於一套女性的功夫。

涉及手眼協調的能力，我想不需要多說，讀者也很清楚這不是直覺型的彼得潘能處理的。於是彼得潘的人格第一次有了想要整合的願望（雖然最後並沒有成功），他邀請溫蒂一起去永無島。

故事梗概

影子縫合好後，彼得潘立刻回復原本狂妄自大的本性。他大喊著：「最聰明的人就是我！」完全忘了這是溫蒂的點子。他們聊了起來，彼得潘告訴她自己從父母親身邊逃跑的原因，「因為我聽見我的爸媽在談論，談論我將來長大以後要成為什麼樣的人。」說到這裡，他激動了起來，「我不想長大。我要永遠當個小男孩，開開心心地玩。」跟彼得潘住在一起的還有許多仙子們，其中一位叫叮噹的仙子更是與他形影不離，她顯然對彼得潘情有獨鍾，因此對溫蒂有強烈的嫉妒心。此外，住一起的還有一群「遺失的男孩」（the lost boys），而彼得潘就是他們的隊長！他請溫蒂一起走，「去說故事給那些男孩們聽。」溫蒂拒絕了，他繼續誘惑著溫蒂，說那裡有美人魚，又企圖打動她的母性，說晚上睡覺的時候，溫蒂可以幫忙替大家蓋被子，甚至補衣服、縫口袋。溫蒂終於無法抗拒，但她不會飛。

重自由而輕責任

永恆少年的劣根性正是他們吸引人的地方。爽朗、無憂無慮、率直、勇敢且自然。只有孩子和母親才會上他們的當。服從紀律對他們而言很困難，因為常規不應該對他們有效。如果可以，他們會盡量遠離大地、遠離規範。在希臘神話裡，偉大的工匠戴達羅斯（Daedalos）帶著兒子伊卡洛斯（Icarus）逃離米諾島，他為兩人做了一對蠟做的翅膀，父親叮囑兒子千萬不可飛得太高，以免蠟被太陽融化；但也不可飛得太低，以免被海水打濕翅膀。伊卡洛斯跟在父親身後飛翔，但他太高興了，這種不可言喻的自由充滿了他，伊卡洛斯飛得太高，翅膀上的蠟被太陽融化，他摔落海裡淹死，待父親發現後已經太晚。

這段描述雖然只是整篇神話的旁支故事，但在永恆少年的敘述中相當知名。因為它貼切地說明了永恆少年如何與潛意識母親之間有著共生的關係。大海就是母親的象徵，它連結著死亡。同時，父親象徵著紀律與規範，但戴達羅斯的教誨對兒子卻沒有幫上任何忙。永恆少年嚮往自由，他們只想要讓自己更高，遠離土地所代表的現實原則。結果在最高處碰見了太陽，它的熱度及光芒象徵著我們的意識，它很快就把蠟做的翅膀給融化。我們總以為自由是「輕」，卻不知道它背後隱藏著「重」。每件事物都有它的對立面，責任便是自由的對立面。因此弔詭的是，夢想雖然仰賴人生的輕，實踐它卻必須仰賴人生的重。戴達羅斯知道這一點，所以他告誡兒子要「執中而行」。

永恆少年最終抵達不了最高處，因為他的內心嚮往著死亡這個黑暗的母親。在他就要觸及夢想之前，他們往往就會放棄，又逃回母親的懷抱裡。小時候是媽媽，長大後是其他的年輕女人或另一半。直到無路可逃，直到中年來到，甚至老之將至。

找不到人生方向感

回過頭談故事，溫蒂就是彼得潘想要的母親，也因此她才會上當，跟著他離家，帶著兩個弟弟前去永無島。這裡也要聊聊那些「遺失的男孩」，從原文可以發現，他們其實也是一群迷惘的孩子（the lost boys）。換言之，他們這群迷路找不著家的孩子同時也是迷惘的。永無島上的生活雖然冒險刺激，沒有規範、沒有責任，但他們同樣受找不到方向所苦，而聚焦和適應現實卻仰賴意識的能力。

年輕人的功課是讓自己在世界這個大舞台上擁有更多的東西，因此在童話的母題中常會看到屠龍、尋寶、救公主等劇情的安排。孩子必須把童話中的想像落實到現實生活裡，屠龍的戰役是升學與求職過程的拚搏，尋寶是得到社會的獎賞與回饋，救公主就是開展親密關係。也就是說，內在的幻想必須漸次讓位給外在的現實，然後如預期地完成故事書裡的冒險。每個人都曾經在這個過渡階段舉步維艱，未能順利跨越的年輕人往往變得憤世嫉俗。

故事梗概

溫蒂與兩個弟弟開始練習飛翔但不太順利。彼得告訴他們訣竅：「只要想著美好快樂的事，那些念頭會把你抬到空中。」當然是開玩笑的，還得有特別的仙粉才行。室內很快就不能滿足他們，他們決定飛出去！這正中彼得的下懷，他繼續蠱惑他們，永無島那裡不僅有美人魚，還有海盜！他們飛進了夜空，達林夫婦和娜娜趕到的時候已經太遲了。這條路異常遙遠，但彼得潘並不是貼心的嚮導，他的心思都放在捉弄他們還有遊戲，如果他們因為不小心睡著而掉下來，他會等到最後一刻才救他們，但這純粹只是為了要賣弄他的身手。再說他的喜好變化無常，沒人知道下一刻他會不會覺得這很無聊而任憑他們自己掉進海裡淹死。他會因為想起和某顆星星說過的有趣笑話而狂笑著俯衝下來，可是他已經忘記是什麼笑話了；有時他又會從海裡飛上來，身上還沾著美人魚的鱗片，可是他又說不上來究竟發生了什麼事。有時他甚至會忘記溫蒂三姊弟是誰，叫什麼名字。

不能當真的承諾

仙粉還有想著美好快樂的事，只要有這兩樣東西，你就能飛起來！如果我們把仙粉換成糖果、餅乾或者啤酒、跑車，或許會更好理解彼得潘的意思。這也是每個永恆少年能夠得到快樂的方法——透過擁有某項具有魔力的寶貝。然而現實中並沒有魔法，你可以想見這有多令人沮喪。但彼得潘卻帶來了神奇的仙粉，誘惑著孩子們去飛翔。這段描述展現了十足的永恆少年風格，調皮好奇，但不負任何責任。他們會真誠地給你承諾，但不能指望他們遵守承諾。這是造成許多親子衝突的主因。父母會怪罪孩子，說他們明明答應買新手機後會更認真唸書，或家中裝了 Wi-Fi 後會更加自律，但他們卻違背諾言。青少年傾向高估自己的能力，低估現實的壓力與外在的誘惑，因此他們的承諾不能完全當真。但也不能因為這樣就否定他們許下諾言時的誠意。

他們還在學習，學習一定會有拉扯，時而前進，時而後退。父母要有足夠的耐性和靈活的策略才行。多數的我們都會在出社會進入職場後慢慢地取得這之間的平衡，但被永恆少年原型所擄獲的人卻不然，不管到幾歲還是一貫玩世不恭的態度。彼得潘誘使溫蒂三姊弟飛向永無島時並不關心他們的福祉，甚至忘記他們的名字。這一切都說明了永恆少年有趣卻危險的兩面性。在前往永無島的旅程裡，沒有合適的嚮導是很致命的。心理諮商的過程說明了這一點，當事人能走多遠，往往仰賴治療師的能力與視野有多深。這是為什麼治療師需要督導，學生需要老師的原因。在禪的修行中，師傅知道徒弟可能在哪一條路走錯彎，又在哪裡會踢到石頭，什麼時候需要休息，什麼時候得耐心看著徒弟犯錯。父母與孩子的關係或許也可以這樣比擬。成長，從來不是一件容易的事。

03

溫蒂媽媽與虎克爸爸——母親議題與父性原則

故事梗概

永無島察覺到彼得正在回來的途中便醒了過來。我們應該說它被喚醒了，但是說「醒來」更好。這座島上除了彼得和遺失的孩子外，還住著海盜與印第安人，但除了那群遺失的孩子，所有人都渴望鮮血。出於被殺或其他原因，孩子們的數量常常在變。當他們看起來好像在長大——這違反了島上的規矩，彼得就把他們餓死。島上的居民一圈繞著一圈轉，孩子們在尋找彼得，海盜出來尋找遺失的孩子們，印第安人尋找海盜，野獸尋找印第安人。他們從沒碰見彼此，因為他們維持等速前進。所有人都密切注視著前方，可是誰都沒察覺到危險可能從背後偷襲。從這裡就可以看出這座島是多麼真實。

沉溺於潛意識的危機

永無島的象徵越來越清楚，它不僅是孩童的幻想樂園，同時也是致命的叢林，而活在叢林就得遵守叢林的法則。永無島似乎有自己的生命，因為它可以「察覺」，還可以「醒來」，也就是說，永無島不僅僅是永恆少年的庇護所，同時也是一個有著自己生命和規律的古老心靈。但它同時也是被動的，因為它與彼得潘之間有某種特殊的聯繫。

永恆少年如果是原型，那麼永無島就是集體潛意識，這樣我們就明白了它與彼得潘的關係。除了那群遺失的孩子外，所有人都渴望鮮血，包括彼得潘也是，因為只要有孩子長大，就得活活餓死。永無島顯示了永恆少年恐怖的一面。因此作者說，這座島是真實的。但它仍然保有某種規律，因為所有的人都注視著前方，誰都沒察覺到危險就在後面，他們等速地一圈繞著一圈，就這樣度過整天。這裡描寫的是沒有結果的永恆運動，這是許多神祕主義者追求的狀態，一種涅槃之境。但由於這種態度太過出世，因此離整合仍舊太遠。永無島的虛幻對應著它的真實。

潛意識並不比意識安全，任何耽溺在此處的人都有可能被吞沒。潛意識從不遵守意識的規範，這點只要從沒有人可以控制夢境的內容就可以發現。當彼得潘離開永無島來到人間尋回他的影子時，可以視為他整合心靈的第一步。他不僅尋回了影子，還邀請了溫蒂作為大家的媽媽。要知道，一直以來永無島上就沒有女孩子（除了小仙子與印第安的虎蓮公主以外），因此即使那只是對優勢功能的補償，但仍是他做的一個大膽嘗試。在後文裡，遺失的孩子們很開心地迎來了溫蒂，他們全都跪下來，張開雙臂叫道：「溫蒂小姐，請你做我們的媽媽吧！」溫蒂害羞地推說自己沒經驗。彼得卻說：「沒關係，我們需要的，只是一位像媽媽一樣溫柔的人。」

永恆少年的母親議題

永恆少年身上常常可以看見母親議題。他們似乎很難從母親的影響力中獨立出來。母親可以是寬柔的，但同時也是控制的。原始部落裡的大母神不僅是豐產的象徵，同時也是死亡的象徵。埃利希・諾伊曼（Erich Neumann, 1905-1960）就曾分析，大地既是下界與地獄，也是墳墓與洞穴。生者在世界這個大容器中受到庇佑，死後他的肉身也在墓穴、棺木或骨灰罈裡受到保護。負面的女性原型可以從各種恐怖女神的神話中看見，一般都是採取妖怪的形式。大地子宮變成了致命的、吞噬的大口，地獄的深淵、漆黑的洞穴、墳墓與死亡，都吞噬了光明，留給人的是一片空虛。恐怖女神吞食自己的子女，用他們的屍體作肥料，用其鮮血澆灌自己，讓自己保持肥沃。恐怖女神往往跟生死都有相連，她們既給予生命，又熱衷於剝奪他們。阿茲特克的戰士會殺死大量戰俘，用他們的鮮血確保大地的肥沃與再生，獻祭的對象就是冥界的女蛇神。

人獲得獨立的階段似乎跟此有關，也就是先自母親處脫離（心理學的語言是「成為自己的母親」），而後自父親處脫離（亦即「成為自己的父親」）。然而永恆少年在第一階段就面臨了困難，他們的母親議題可以清楚地從《浦島太郎》這則傳說裡窺見。在故事中，浦島太郎和母親一起生活了四十年，某一天因為救了烏龜而獲得探訪龍宮的機會。然而故事的結局卻令人悲傷，因為他自龍宮回來後，發現村子已面目全非，熟人都不在了，母親也去世多年。他想到可以透過龍宮公主送的錦盒回到龍宮生活，卻沒有遵守約定打開了錦盒，僅僅瞬間他就變成了一位老人。

傳說為我們指出，浦島太郎一直與她的母親共生著，也就是我們上一章談過的「共依附」。烏龜既可以在水裡生活，也可以在陸上爬行，因而也同樣有跨界者的特徵。四十年形容母子共依附的時間太長，因此潛意識大海才送來了烏龜作為使者，意欲藉由龍宮之旅來補償他前半生錯誤的生活態度。如果浦島太郎能遵從約定，抗拒好奇心的誘惑（也就是不再表現得像個孩子，能擔負起「守信」這個最基本的責任），他就能自永恆少年的原型中脫離，邁向獨立。但他卻因背信成為了老人，表明著永恆少年只能坐視時光流逝，在生命來到盡頭時徒留悔恨。這不正是小王子故事的翻版嗎？（詳

文請見書末附錄的故事）

缺乏理想的父親形象

彼得潘同樣有著母親議題，他看似任性自我，但下意識裡卻尋求著媽媽，也就是溫蒂。這本書裡則似乎少了一位父親，用心理學的角度來說，也就是少了父性原則。父性原則總是聯繫著獨立、無私、紀律、堅持等特質，如果上帝只用兩天創造世界，第三天後就開始偷懶，那這世界會變成什麼模樣？虎克並不是一位好的父親典範，實在說來，他代表的是負向的男性法則，他與現實世界太過接近，重視權力、野心、還有他人的評價（這是他過分重視風度的心理原因），這些特質恰好與永恆少年相反，他們鄙視這些大人認可的價值。這點我們在《小王子》中已經討論過。彼得與虎克之所以勢不兩立主要與此有關，換言之，他們在對方身上看見了自己逃避的影子。關於陰影，我們將在《化身博士》與《地海巫師》裡詳談。

溫蒂是溫柔的媽媽，虎克卻是暴戾的爸爸，書裡描寫他的性格不屈不撓，還帶著貴族的氣派。他受的是良好的英國教育，因此特別重視穿著與風度。最令他感到焦慮不安的，就是對自己的表現是否符合風度的想法。在他終於逮到所有遺失的孩子後，他陰鬱地說：「沒有一個孩子愛我。」從這些描述中可以發現，虎克實在是一個典型的傳統父親，但他卻始終站在彼得與孩子們的對立面。他熱衷於追求權力，因此不由得覺得自己的野心太大。與斯密的談話更顯示出，他害怕的並不完全是鱷魚，而是牠吞下肚子裡的鬧鐘。滴答滴答作響的聲音是不停流逝的時間，大副斯密雖然個性單純，但回答卻意在言外，「可是總有一天，那鐘會停下來的。」換言之，死亡最後會抓到每一個人。虎克則展現了難得的坦誠，「我怕的就是這個。」

像虎克這樣的男人最容易在中年時遭受死亡焦慮的侵襲。他們過度仰賴意識，重視現實法則，像小王子遇到的商人那樣熱衷於加法。分數、名次、存款、交過的女朋友數量，他們的人生價值奠基於量的堆積，而不是質的深度，因此在中年後他們無法免除生命對他們的叩問。生命總是在乎深度的，「愛得深」比「愛得多」來得深刻且有意義。托爾斯泰的名著《伊凡・伊里奇之死》精準地描寫這類追求體面的人如何在死亡面前被擊潰，從而顛覆了整個人生的價值。死亡注定會帶走所有東西，而存在的孤獨只可能被生命的深度所安撫，因此追求數字（也就是廣度）的人總是在潛意識裡明白自己站立在不斷下陷的沙地裡。這驅使他們想要擁有越多，直到這樣的防衛機轉終於行不通為止。

他們會像賽跑一樣過人生，從來不能活在當下。在這點上，永恆少年倒是表現得不錯。彼得潘被眼前一個又一個的冒險所吸引，沒有過去，也不做規劃。在虎克被時間帶來的死亡焦慮所侵襲時，因為救印第安公主虎蓮而受傷的彼得卻困在即將被湖水淹沒的岩石上，雖然他很勇敢，終究也感到害怕了。但不久後，彼得露出他獨有的微笑，彷彿在說：「死亡將是最大的冒險。」因此他與虎克恰好是對立又互補的兩極，所以他們都必須把對方殺死。但我們知道，「殺死」陰影只能是一種象徵，因為陰影是我們自我認同的一部分，我們只能整合它，而整合它的同時，我們幼稚的自我也會死去。

04

對決——劣勢功能的反撲

故事梗概

這一回的鬥爭，彼得佔了下風。但幸虧他被永無島給救了起來，溫蒂跟虎蓮都愛上了彼得潘，正如叮噹那樣，他隱約感覺到她們都想成為彼得的什麼，但彼得卻搞不清楚那是什麼？對他而言，女孩子只可能是自己的媽媽。因此當溫蒂假裝彼得是那些遺失的孩子們的爸爸時，彼得雖覺得有趣，卻很快就恐慌起來，「我在想，這只是假裝的，對吧？假裝我是他們的爸爸。」溫蒂一本正經地回答：「是啊。」

媽寶的恐懼

這麼看來，不僅虎克擔憂時間，就連彼得也是如此。他告訴溫蒂，「如果他是真正的爸爸，那他就會變老了。」誰說彼得不是永恆少年呢？他們就算擁有親密關係，心理上仍然保持單身，他們從來不在關係裡。他們只能是媽媽的孩子，而不能是誰的丈夫。因此他們注定在親密關係裡感到挫敗，因為沒有人可以永遠充當自己母親的影子。這類男性要的不是伴侶，而是母親。因為伴侶需要我們將之視為另一個平等的人來看待，母親卻只需要我們繼續當個叛逆與依賴的小孩。他們需要一個像母親的女人來拯救自己脫離親生的母親，而這點往往會衝擊原本的共依附關係，從而使男人的母親敵視這位「闖入」的女性。所以我才說，許多婆媳問題背後可能都藏著一個長不大的小男孩。他和太太一樣喜歡孩子，卻沒辦法或「沒時間」照顧孩子。他看重與孩子的遊戲時光，卻對孩子的基本照護與健康視而不見。很多媽媽因此會反應，老公才是自己養的大兒子。

故事梗概

溫蒂總是會對遺失的孩子們說故事，她最愛說的是達林一家人的故事，達林先生與達林太太生了三個小姊弟，有一天他們飛走了，到了永無島，那裡住著許多遺失的小孩。溫蒂會問那些聽故事的孩子們，爸媽看到那些空下來的床作何感想。然後愉快地告訴大家，故事中的小姊姊知道，媽媽肯定會一直開著窗戶，好讓她的孩子們飛回來。雖然三個小姊弟待在外面玩了很多年，但媽媽一直在等他們，所以他們又回到媽媽和爸爸身邊，過著幸福的生活。彼得抗議，他說媽媽早就忘了自己。這句話讓溫蒂有些擔心，她決定今晚就啟程回家！孩子們都愁眉苦臉，溫蒂告訴大家，每個人都可以跟自己一起回家，她會說服爸媽收留他們。彼得果斷地拒絕了，「我只想永遠當個小男孩，永遠玩下去！」

無法面對現實的平庸

永無島猶如希臘神話中的「水仙平原」，亡者在此處會失去前世的記憶。什麼樣的靈魂會待在水仙平原呢？就是那些生前既無犯錯也無貢獻的人們，易言之，是犯了「平庸之罪」的靈魂。永恆少年的內心雖然充滿了幻想的冒險生活，但他們在現實生活裡卻可能毫無建樹可言。一個工作換過另一個工作，一個對象換過另一個對象。他們沒有積累任何深刻的東西，因此成就也無足稱道。這不是說他們沒有能力，相反地，他們有很好的直覺，在藝術、文學或靈性領域裡也常展現過人的天賦。但中年過後他們給人的感覺就只是平庸，畢竟我們只會稱讚早慧的年輕人，卻不會給這樣的中年人任何關注。因此屆於不惑之年的永恆少年也很容易痛恨自己的平庸。

溫蒂已經發現，自己的兩個弟弟慢慢失去了對父母的印象，她的擔憂預示著永無島生活的結束，她知道返家的時間到了。溫蒂本來是作為彼得的補償功能而被邀請到永無島的，這件事雖然是彼得試著從天空返回人間的重要嘗試，他卻沒有進一步地整合溫蒂所代表的現實意識。他拒絕了返家的建議，他堅持留在天空，這不得不讓我們回想起小王子，在地球漫遊一年後，他仍然決定返回B－612星球，而不是履行馴服完狐狸後的責任。小王子不惜以死亡為代價拋下變重的身體，彼得潘也不惜割捨溫蒂和那群遺失的孩子們。這再度說明了永恆少年沒有維持親密關係的能力，朋友與愛侶是隨時可以拋棄的累贅，因為親密關係永遠會讓我們的身體變「重」。一如狐狸告訴小王子的那樣，馴服就代表了責任。感情中的輕與愉悅伴隨著重與責任，這樣的兩面性是成人之路上最困難的。

逃避責任，等於逃避意義

我們本能地偏好自由，但割捨責任的人也不會有自由，他們在諮商室裡的抱怨千篇一律：無聊。人生的意義是透過參與這個世界而得到的，參與伴隨著責任。逃避責任的人同時也逃避了意義，換言之，逃避了生命。因此永恆少年期待的「永恆」其實只是現在，他們想像中的永恆既沒有過去也沒有未來。我們都知道這個故事的結尾，彼得很快就忘記了溫蒂，他將帶走溫蒂的女兒，進行另一場冒險。

因為彼得救了虎蓮，因此印第安人現在成為他們的盟友。但虎克卻用計擊敗了他們，印第安戰士被屠殺大半，孩子們的家頓時失去了守護。虎克命令斯密擊打印第安人的手鼓，讓孩子們以為印第安人勝利了，他們卸下了心防紛紛爬出樹洞，因此全部被海盜擄獲。彼得逃過了一劫，他發下毒誓，這次不是虎克死就是他死！大獲全勝的虎克並沒有特別得意，反而顯得情緒低落。夜深人靜時他總是特別孤獨。他熱愛名聲，雖然那華而不實。他恨彼得，因為他很自大。他嫉妒水手長斯密，因為他發現那群被擄來的孩子們很喜歡他。虎克給那群孩子兩條路：加入海盜或者跳下甲板！孩子們拒絕了。正當虎克咬牙切齒的時候，他聽到了鱷魚可怕的滴答聲。他嚇得跪在地上，命令手下把他藏起來。滴答聲越來越近，上船的竟然是彼得！

孩子的議題，同時反映父母的議題

這座島上的四群人或許會讓我們聯想到榮格的心理功能（但不是非得這麼想），

海盜們是優勢功能，因為他們是島上的成年人；野獸們則代表劣勢功能。有趣的是，虎克最怕吞了時鐘的鱷魚，而被壓抑的都會成為鬼怪，當它被投射在外界就會成為魑魅魍魎，因此這個從野獸肚子裡傳來的聲音正好是劣勢功能對優勢功能的抗議與召喚。印第安人與孩子們是輔助功能，因為前者象徵未完全進入文明的種族；後者則是未長大的成人。所以當海盜們先是屠殺了印第安人，接著抓走了孩子們，象徵優勢功能已經過度發展。往往在此時，我們原先的優勢成了負擔，例如一個面面俱到的人一方面享有這個特質帶來的好處與讚譽，另一方面卻使自己的真實感受無法充分地表達。「物極必反」，終有一天，當事人會因此覺得日子越來越死板無趣，從而失去意義感。在許多面臨中年危機的個案身上，都能看到這一點。

正如我們見到的那樣，大獲全勝的虎克並不得意，反而顯得情緒低落。僵化的人格不可能再這樣漫無節制地運作下去，走舊路到不了新地方，終有一天，改變會找上門來。果然就在處死孩子的前夕，滴答聲又出現了。這隻鱷魚似乎存心跟虎克作對，在他取得全面勝利的時候找上門來。有道是人情似紙張張薄，世事如棋局局新。偏偏是在日子過得最成功的時候，我們會被一個怪夢驚醒，或者孩子突然不想上學了。這都可以視為我們的劣勢人格在我們生活的某處找到了破口。以前者而言，那是潛意識對我們發出的糾正訊息；以後者而言，由於家庭內自成一個系統，所以當父母親過度貼近現實的時候，孩子便會因為系統內的補償機制而逐漸與現實脫離。因此在治療那些不想上學的孩子時，父母親有必要一同接受心理諮商才好。

不可一世的虎克就這樣被彼得潘的詭計給嚇倒，剩餘的海盜們則被他與孩子們一起解決了，這可以說是優勢功能的全面潰敗。我們的內心世界住著不同的居民，任何一個忽略和打壓他們的人都會經歷這種失敗。

故事梗概

虎克被孩子們團團圍住，他們一次次逼近他，又被一次次逼退。終於，彼得和他單獨交鋒了。惡鬥過後，虎克落敗，他對著彼得喊道：「你到底是何方神聖？」彼得回答：「我是青春，我是快樂，我是剛破殼的小鳥。」虎克感到很絕望，他縱身跳下海，卻不知道那隻鱷魚正在水裡等他。原來他肚子裡的鬧鐘已經停了下來，所以才會悄無聲息地出現。他就這樣變成了鱷魚的大餐。得勝回家的那晚，彼得作了很多夢，他在夢中哭喊很久，溫蒂緊緊地抱著他。

敵人，是內在黑暗面的投射

彼得擊敗了虎克，但是解決他的卻是鱷魚，因此我們可以說他最終是被劣勢功能給吞噬。潛意識總是尋求補償，因此榮格指出，劣勢功能很容易因為補償作用而影響一個人的行為，外人很難真的區分個體的真實傾向。榮格說，「這是因為劣勢功能會主觀地覺得自己才是真正的功能，它認為自己才是更重要或更真實的傾向。」例如，當一個思考型的人被其對立的劣勢功能擄獲時，會表現出全然天真和拙劣的情感，讓人誤以為感性而激動的特質才是他真正的傾向。榮格繼續談到，第四功能（就是劣勢功能）的核心是自主性，它是獨立的，會攻擊我們、吸引我們，使我們昏頭轉向，以至於再也不是自己的主人，再也無法區別自己與他人的不同。換句話說，不重視完整的人，

深度心理學小學堂 11：補償

阿德勒認為補償是基於人類想要克服自卑情結而產生的傾向。但榮格說的補償主要是潛意識的，其目的是修正我們意識自我或生活態度裡的錯誤。例如總是逃避責任的人卻夢見車子壞了，得自己走路去遠方（象徵踏實生活）。

很容易被自己的劣勢功能給吸引，然後面臨反撲。因此凡是被我們從前門拒絕的（也就是劣勢功能），都會溜到後門來找我們。沒完成的人生功課總會一再出現，這便是補償作用所造成的。

但對彼得來說又是完全不一樣的狀況，夙敵虎克被解決的那一晚他卻作了惡夢。殺死敵人很少讓我們快活，因為他們承載的是我們內部投射出去的黑暗面。殺死他們的同時，我們靈魂裡的某一部分也會跟著死去。

05

返家——失去深度的平庸人生

故事梗概

彼得、溫蒂與其他孩子們終於能夠啟程了，他們駕著虎克的海盜船往溫蒂的家裡出發。溫蒂與兩個弟弟躺回了床上，裝作一切都沒有發生。達林太太開心地叫了起來，達林先生和娜娜也衝了進來。彼得從窗外向裡張望。他快樂的事數也數不清，那是別的孩子永遠得不到的。但是，只有這一種快樂，他隔著窗戶看到的那種快樂，是他永遠也得不到的。其他的孩子們都被達林夫婦給收養，只有彼得拒絕了。他下了決心，「誰也不能把我變成大人。」他和溫蒂約定好，每年的春季都會回來接她回永無島幫忙大掃除。

遺失的孩子們漸漸長大，忘了怎麼飛。來年彼得造訪時，他們已經忘了去年發生的事，對虎克跟叮噹完全陌生。第二年，彼得沒有來接她。再下一年，他又來了，但他不知道自己漏了一年。這是溫蒂最後一次見到彼得。她長大了，變成一位少女、媽媽，生了一個叫做珍的女兒。然後彼得潘又出現了！彼得向她打招呼，彷彿一切都沒有變，因為他只想到自己。他指責溫蒂竟然忘了春季大掃除這件事，彼得終於發現溫蒂長大了，於是他哭了起來，一如當年他黏不回自己的影子那樣。這哭聲驚醒了珍，她問彼得為什麼哭，彼得回答：「我回來找媽媽，我要帶她去永無島。」珍告訴她：「我知道，我正在等你。」他們一起飛了起來，溫蒂大喊：「不，不！」但他們還是離開了，珍向媽媽承諾，大掃除完她就會回來。事情就這樣周而復始，只要孩子們一直無憂無慮、天真無邪，就會一代又一代一直傳下去。

崇拜快樂，反而使憂鬱人口增加

故事在這裡告一段落。這樣的文字給人悲哀的感覺，令人悲哀的不僅是我們都會變老、都會被時間擊敗，還有一種感覺是說不出口的，那就是彼得陷入的永恆回歸。他會展開一個又一個冒險，然後尋找一個又一個「媽媽」，乍看之下他遺棄了每個人，溫蒂、虎克、叮噹，還有那些遺失的孩子們。但事實上，他才是被遺棄的那一個。冒險難道不是令人興奮的嗎？為何彼得潘奮力追求的目標卻成為了他的詛咒？

不同於選擇冒險的彼得潘，溫蒂和其他的孩子們則選擇了現實，他們知道某些事情只能遺留在過去，他們真正拒絕的是彼得所象徵的幼稚心理。事情就這樣周而復始，彼得也這樣一再地被一代又一代的孩子們遺棄。不僅孩子們遺棄了他，連時間也遺棄了他。更重要地，他每次尋訪「媽媽」回永無島的舉動，結果都遺棄了自己。他從未真的回到地面上，和現實做有效和有益的整合。讀者內心真正的悲傷是對著彼得而發的。

長大與變老並不會讓我們傷悲，真正會讓我們傷悲的是一事無成。人不僅會變老，也會變好或變壞。但有些人只是變得日漸平庸，那才是真正的地獄。沒有愁苦，就不會有歡樂。心理感受都是相對的，激情與快樂能維持的時間很短，心理學把這個現象稱為「享樂適應」。當前的社會文化錯誤地將人生目標放在追求快樂，這反而使憂鬱症的人口大量增加，因為我們的情感系統不是以實現持久的愉快為目的。快樂基本上只是一種短暫的滿足，如果追求過度的激發只會造成令人失望的反效果。變老讓我們明白這件事。因此許多人會在老年後改追求「平和」，而這是追求快樂與冒險的彼得潘永遠不會明白的道理。

幸福感，來自親密關係的品質

為什麼彼得的記憶如此短暫？為什麼他的心思必須不停地追求新奇事物？正因為永恆少年的快樂無法延續。現實生活裡，每位永恆少年都會老，無法像彼得潘那樣拒絕長大。拒絕接納現實的後果，就是平庸。永恆少年最痛恨平庸，但隨著時間過去，他們總會變成一個平庸的中年人。因此他們在拒絕平庸的同時，將會一起拒絕自己。

永恆少年也永遠得不到那種快樂，就是彼得潘隔著窗戶看見的情感之樂。對男人而言，女人代表著與大地的束縛，特別當女人想要有小孩的時候，建立家庭會使男人與大地永遠綁在一起，因此永恆少年必須不斷躲避這個情境。但富可敵國的傲人成就不見得比得上全家和樂帶來的簡單幸福，因為幸福感很少被成就高低所決定，其關鍵反而是親密關係的品質。易言之，深度（而不是廣度）決定了我們是否幸福。永恆少年注定會有遺憾，因為時間是發展深度的必要條件，當他們拒絕時間的同時，也就決定了自己的命運。他們放棄成長，也被成長放棄。他們遺忘別人，也被別人遺忘。《彼得潘》一書的悲劇性就在此處。

結語

彼得潘的故事交織著恐怖與悲傷兩種情緒，其恐怖性在於潛意識豐富的世界具有黑暗面，而它會吞沒一切；悲傷的點則在於前者將使現實中的自我無法有所成就，並失去任何生產力。現實永遠有效，希望每個讀者永遠記得這一點。人不僅是追求可能性的動物，同時也是生活在有限性的動物。我們可能成功，可能出名，可能贏得尊重，但也可能剛好相反。永恆少年拒絕接受自己的限制，或者說，他們相信自己有權利拒絕「人」的限制。人會變老，會死，這是套在所有人類頸子上最平等的枷鎖。彼得潘是脫離大地，對長大說「不」的孩子，這讓他永遠只是個孩子。孩子的世界雖然是歡樂的，卻很貧乏。追求貧乏的歡樂將使人變得平庸，因為淺薄的土壤長不出參天的樹。那能深深地根植於現實大地的人，才能接近太陽。

附錄

《浦島太郎》、《桃太郎》——

青少年的網路成癮／拒學

【導言】

本文是為了榮格人文講堂2020夏季心理學沙龍的短講而寫就的，我在這裡將以深度心理學的觀點就浦島太郎的傳說來探討網路成癮的現象，以及可能伴隨而來的拒學問題。拒學問題的成因甚多，可能源於經濟因素或單純為了陪伴生病的家人所造成，網路成癮僅是可能的原因之一，提醒讀者在看待拒學問題時要注意勿將兩者做直接的聯繫。

歌川國芳畫浦島太郎

浦島太郎傳說最早出現在《丹後國風土記》，原書已散軼，僅有數篇文章留存下來，但該書裡的故事與現存傳說又有不小差異。

故事概要

浦島太郎是普遍流傳於日本各地的傳說，版本上則各有差異。在其中一個版本裡，浦島太郎與母親一起生活了四十年，以捕魚為業。有一天，他依例去海裡捕魚，連著三次下網都網到了同一隻烏龜，浦島太郎三次將烏龜放回大海（或者在岸上救了一隻被孩子們欺負的烏龜），因此獲得龍宮公主乙姬（或者龜姬）的邀請，前去龍宮遊玩。浦島太郎擔心母親不肯前去，乙姬公主安慰他會派人照料，浦島太郎這才在龍宮裡安心住下。他在那裡錦衣玉食，見識了各種奇珍異寶，住了好一陣子，這才覺得應該回家了。公主百般慰留他，但浦島太郎去意甚堅。不得已，乙姬送給了他一個錦盒，並叮囑浦島太郎萬萬不可打開。浦島太郎答應了，這才送他回家。

回到家後，浦島太郎怎麼也認不得這個自小長大的村子了。幾經探訪，才遇見一位老翁，他回憶起，小時候曾聽過一個叫做浦島太郎的人出海捕魚後再也沒有回來，而他的母親早已去世，浦島太郎聞訊大驚。他去母親的墓前祭拜完後感到難過又迷惘，他抱著錦盒走向大海不知所措，於是打開了錦盒，就在那一瞬間，他倏地變成了一位白髮老翁。

未能獨立的男性

這則故事生動地呈現了成癮的主題，網路成癮目前並沒有可靠的藥物可以治療，因此從生理學來說，它是難以或不可治癒的。然而人不僅是生物的存在，他同時也是心理、社會與靈性的存在。因此，浦島太郎的傳說（以及其他的不同神話與故事）提供了我們一條新的思考路徑。因為在那個時代，並沒有網路的發明，但顯而易見地，人仍會受到某種事物吸引，使自已沉迷在黑暗的廣大領域。

那個領域以深度心理學的角度來說，就是以母親為象徵的潛意識心靈。不管是哪種版本，浦島太郎故事都告訴我們，他與母親相依為命。在我提供的版本裡，甚至說他與母親一同住到了四十歲。他沒有結婚，意味著沒有獨立。所有的版本也沒有提過他的父親，意指他的人格欠缺了父性原則，或者說陽性的那一面。

女性的基本特徵

女性的基本特徵是圓，意味著一再地返回原點。從出生到死亡，我們在母親的黑暗子宮裡被孕育，從母親的肚子裡誕生，死後又回到大地母親的臂彎，葬在黑暗的地底。中國文化相信，人死後必須「入土為安」，若有人不慎掘出先人的遺骸，更要幫忙覆蓋祭禱，以免招祟。暴屍荒野是最殘酷和令人不捨的遭遇，幫助這類的無名屍能夠入土則會積陰德，享福報。嘉義出名的盲人神算陳寬利在民間傳聞中，就是因為在孩童時期曾好心安葬無名屍，才得到靈通力。在希臘神話《伊底帕斯王》三聯劇中，安蒂岡妮強力主張人死入土，不因他是敵人或是親人而有差異。國王克瑞翁因為堅持不使死者能夠入殮，因此要處死安蒂岡妮，此舉卻受到先知泰瑞夏斯的警告，他勸國王趕緊懸崖勒馬，「你會先付出自己的骨肉來抵債，因為你將上界的人趕往下界，將活人關進墳墓，又把屬於冥神的屍體扣留在陽間。人死歸陰，但你卻暴力相向，所以天神跟冥神都向你反擊，不用多久你的家裡就會傳來哭聲。」易言之，死後入土是不分地域的共同價值。

伊底帕斯情結的象徵與詮釋

從黑暗到黑暗，這標注了人類一生的趨向。母親雖然給予孩子生命，但她本身也是死亡的象徵。這樣的二元性是我們在理解這則故事時必須放在心裡的前提。精神分析創始人佛洛伊德很早就看出了母子之間的糾葛關係。他提出了著名的「伊底帕斯情結」，認為殺父娶母是埋藏在每個人心中的原始願望。亦即亂倫衝動人人有之，只是隨著社會化的加深而被壓抑至潛意識內。他甚至認為，伊底帕斯情結就是造成精神官能症的主因。但他的學生，瑞士心理學家榮格卻有不同的觀點。他認為兒子對母親的亂倫衝動並非生理上的，它必須用象徵的方式來理解。

母親不僅是人類身體的起源，她也是人類心靈的起源。意識源於潛意識，並隨著年紀的增加而逐漸獨立。千萬年來，這個過程歷經不斷的重複，已經成為一種原型的意象，深深地錨定在每個人的集體潛意識深處。母親因此不僅具有生理上的重要意義，同時也在心理上有著重要意義。易言之，她不僅是孕育我們身體的容器，也是孕育我們精神的容器（以象徵的角度來說）。

這麼說來，亂倫指的就不是兒子對母親有性衝動，而是象徵著意識有著沉入潛意識的原始危險，一種心靈的亂倫。分析師安妮拉亞菲說，「對年輕人而言，心靈亂倫表達的是，延續在母親子宮裡的安全感，以及生命早期的至樂與安逸。」人如果不能犧牲或放棄那種安逸，亦即想要退回胎兒時期的至樂與永恆安全感的願望，就無法完成個體化的偉大事業。換句話說，亂倫象徵著人們想要重返潛意識的願望，藉由放棄獨立，迴避責任，犧牲自主性來耽溺在母性潛意識的汪洋裡。

不願脫離安全感的孩子

浦島太郎正是這樣的原型人物。而那些因為沉迷於網路而拒絕上學的孩子便是當代的浦島太郎，他們的生命因為欠缺上文裡所提到的父性原則而從正常的發展階段中落了隊。他們不僅會因為這樣進不了校門，有時甚至演變成繭居族，連離開房間門都很困難。

浦島太郎的生活態度有明顯的偏誤，他意識的自我緊緊地擁抱母親而遲遲未能發展起來，潛意識正是在此時介入。佛洛伊德是探索潛意識領域最重要的先行者（但並非第一人），他認為潛意識的功用基本上類似於意識的垃圾桶，那些被意識層面否認的東西都會透過壓抑而被丟入潛意識中。因而在古典精神分析的觀點裡，潛意識基本上可以說是黑暗與無用的代名詞。榮格卻不做此想，他一方面承認潛意識確實有著佛洛伊德說的那些東西，但另一方面他透過精神病患的夢境發現，潛意識本身也有自主性，而非僅能被動地接收意識的殘餘，同時它還具備著充滿智慧與有力量的那一面。

潛意識的補償功能

正因如此，榮格相信，潛意識有著重要的補償功能。它會補償意識生活的錯誤，補償我們在發展過程中的偏失。怎麼做呢？透過夢，或突如其來的意外事件。以這則傳說為例，潛意識的補償作用是透過烏龜的捕獲（或援救）來發軔的。

浦島太郎在大海裡三次捕獲了同一隻烏龜，三次放了牠回去。大海本身就象徵著潛意識，海裡住著許多我們看不清的生物，看似平靜無波的海面，卻孕育著豐富的生命。這一切描述都和潛意識相仿。潛意識那天為這個一直以來拒絕長大、拒絕獨立的男人送來了禮物。烏龜是最古老的爬行動物之一，牠的歷史甚至早於鱷魚與蛇，在東方，牠被視為長壽的象徵，《禮記》更把牠視為四靈之一，「麟鳳龍龜，謂之四靈。」烏龜亦海亦陸的特性也很能被我們聯想成可以穿越意識（亦即陸地）與潛意識（亦即大海）的傳訊者，傳說用牠來象徵潛意識的訊息，可說恰如其分。

浦島太郎對烏龜的援助說明了他接收到了潛意識的訊息，並且認知到這是一個改變的契機。猶如每個成癮／拒學／繭居的當事人一樣，他們都很清楚自己必須改變，必須讓生活向前走，浦島太郎便是這個原因接受了乙姬的邀約。他在前往龍宮時還很擔心母親沒人照料，乙姬安慰他不需牽掛。用心理學的話來說，指的是浦島太郎雖然已經模糊地意識到這個「意外」（也就是進入龍宮）將可能為他的人生帶來好的轉變，但仍受到過往舊習，也就是亂倫願望／耽溺永恆安全感的吸引，而乙姬則恰如其分地鼓勵了他迎向生命的可能性。

個體化以拒絕沉溺於安全感為開端

果不其然，浦島太郎在龍宮的生活非常愜意快活，奇珍異寶樣樣不缺，他第一次發現了開展在他眼前的新世界。他用他的意識做了正確的決定，他決定離開母親，孤身前往未知的龍宮，而非回到舊生活，或者邀請母親一起進駐新生活。而這個獨自上路的決定，正說明了個體化必須以拒絕母親／拒絕耽溺永恆安全感為開端。易言之，人必須學習成為自己的母親，無條件地接納和愛自己，這才給人足夠的自信和安全感，來面對未知和充滿危險的世界。這是成長之路的第一個考驗，曾經有那麼一刻，浦島太郎做到了這一點。

隨著時間日久，他漸漸地習慣了龍宮的生活，但也興起了對母親的思念。他想要回家，乙姬怎麼也攔不住他。正是在此處，傳說隱微地告訴了我們浦島太郎的致命缺陷。他離開了母親，見證了嶄新的世界，然而諷刺的是，這個美好的世界沒有真正屬於他的位置。為什麼呢？因為他是龍宮的客人，不是主人。這就是成長之路的第二個考驗：成為自己的父親。

成就必須由自己爭取，舞台也必須由自己搭建。父性原則所指涉的紀律、責任、進取及冒險都是浦島太郎所缺乏的。他很快就會發現，如果不透過自己的雙手和意志，如果不學會自制與自律，這個繽紛多彩的世界永遠沒有他的位置。正是這個原因，浦島太郎再次選擇了回歸母親，亦即返回潛意識黑暗，在那裡享受永恆的停滯，並將之當成安全的避風港。

浦島太郎故事的悲劇性就在這裡，當乙姬送給他從頭來過的機會時，他卻選擇永遠當一個母親的孩子。他離開龍宮回到故地時，除了一個老翁外，已經沒有人認識他了，母親也早已死去。故事以這些象徵來暗示他成功地擺脫了黑暗母親的糾纏，現在的浦島太郎可以奮力地長成自己的模樣。然而他卻在母親的墓前感到迷惘與遺憾，他不為這難得的可能性興奮，而是選擇為所失去的永恆卻致命的寧靜而哀傷。他再次地走向了大海，然而我們先前已經說過，多采多姿的龍宮並沒有真正屬於他的位置，他必須趁著自己年少在現實的社會中努力爭取個人的舞台才行。但他沒有，他只是抱著錦盒望著大海，然後無意識地打開了它。

在現實世界不戰而逃

在他的同儕不斷地迎向人生的考驗，或成功或失敗的時候，他選擇了不戰而逃。那些在網路世界中迷失自我的孩子也一樣，他們只想永遠待在可預期的世界。我付出多少努力，就要得到多少回報，電玩遊戲應允了這點，而這是現實世界不可能發生的。他們努力地想要避免遺憾，結果是用整個生命的可能性來作為陪葬。

關於回歸母親這件事，有時孩子是因為承擔了真實父母的陰影所導致，他們變得在靈性上乾渴，因為他們的生命裡缺乏神話、家族歷史、宗教、藝術、音樂，或者其他可滋養其內在的元素。那些以「教條式的理性」自居，太崇尚「物質成就」的父母，很容易使上述那些東西轉成自身的黑暗面，從而在孩子身上引發出回歸母親／潛意識心靈的願望。此時作為治療者或父母師長的人，反而要注意提供給他們關於這類事物的有益選項，才可能使孩子的內在得到夠好的滋養。

榮格的童年夢境

關於父性原則這件事，不妨以榮格童年經驗來說明。因為他就曾經是一位拒學的孩子。而在那之前，讓我們先談談他的童年夢境。

他在四、五歲的時候夢見自己看到地上有個洞，洞裡有通向深處的台階。他戰戰兢兢地走了下去，來到一個擋住視線的厚重的綠色簾子前。他好奇地掀開簾子，看到狹長房間的盡頭處有個神奇的黃金寶座。寶座上坐著一個看起來像一根樹幹的巨大東西，幾乎抵到了天花板。它由皮膚和肉所組成，只有一個圓柱形的頭，沒有臉和頭髮。頭頂上的獨眼直直地向上凝望。繞著頭發出的光照亮了房間。小男孩覺得這個東西（也就是陰莖）就要從寶座上下來，爬向他了。他嚇呆了。就在這時，他聽到外面傳來聲音，母親在上面大喊：「看啊！那就是吃人的怪物！」這聲音加劇了他的恐懼，他渾身冒汗醒來，嚇得要死。

這個夢就表明了他處在潛意識中，這根陰莖神祇意味著神聖的力量，這把榮格嚇呆了。它向上凝視的獨眼則表現出強烈的生命力，彷彿預示了榮格日後的一生將展開與地下之神（也就是潛意識心靈）的工作。這個夢讓他對基督教產生了很大的懷疑，難道這就是神的樣子嗎？一直到他八十歲時依舊印象深刻。這地下之神之所以用陰莖的方式出現，正說明它是被意識所排斥的東西。榮格自己說這個沒有名字的地下之神，被他視為是光明的主耶穌的對手。這個形象貫穿他整個年輕時代，是他進入黑暗領域的起點。

然而有趣的是，母親在上面大喊著「那是吃人的怪物！」彷彿在說那地下之神是個虛假又偽善的東西（因為神怎麼會吃人呢？）這似乎暗示著榮格的母親不希望兒子對他產生興趣，要他節制對這位神祇的好奇心，同時回到母親身邊尋求保護。換句話說，希望兒子能夠撤退到母親那裡，停留在永恆的安全庇護所中。榮格回憶錄裡充滿著死亡陰影，不論是對葬禮的恐懼回憶，對看屍體的強烈好奇，還是他潛意識的自殺衝動都是如此。也就是說，他有著不願活下去或抵擋正常發展的願望。考慮到這一點，我們就可以理解他拒學行為的潛意識動機了：他想透過回歸黑暗的母親（亦即偷惰／停滯／負向的母親情結）來逃避個人的命運（亦即深入研究地下之神／潛意識心靈的偉業）。

十二歲後他因為同學的欺侮而被推跌倒昏厥，此後只要得回學校或者做功課，他就會昏倒。榮格六個多月沒去上學，他自由自在，想去哪裡就去哪裡，他說自己埋首於神祕世界中，卻離人世越來越遠了。因此遭受著朦朧的良心的譴責，他遊蕩、閱讀、玩耍，虛度光陰，但不真的快樂，他有一種無名的感覺，想要從自己身上逃開。直到有一天，他偷聽到父親的談話，父親憂心忡忡地跟朋友說很擔心兒子的身體狀況及未來的生涯。這一刻起，他突然意識到自己「應該用功了！」於是他變成一個認真的孩子。但很快地，暈眩感又襲擊了他，他卻一次一次地與它對抗，此後他的病不再發作。他清楚地看到這一切局面都是自己安排的，那推倒他的同學只是替罪羔羊，因為自己的因勢利導，他有意無意地讓自己不用再回到學校。

父性與母性原則的對抗

易言之，父親的聲音將他拉回了現實。父性原則擊敗了他內在負向的母親情結，也就是安全與惰性。他開始關注外在的一切，包括學業、成就，以及其他可以獲得世俗成功，發展個人天賦的東西。由此點觀之，網路成癮（或以其他形式拒絕發展天賦）的孩子，或許需要給予的不僅是母性原則所代表的寬容與接納，更是父性原則所代表的那些東西，諸如：網速及流量的控管、使用時間的限制與文字紀錄、上網環境的調整（例如把電腦搬到客廳）、家事責任的賦予，乃至肌肉的鍛鍊、運動時間的增加、對未來的期待、激勵與考驗等等。

乙姬作為一位年輕女性，象徵了浦島太郎內在的阿尼瑪（anima），阿尼瑪是男性心中的女性面向，她最原始的形象就是一位母親，因為母親是男人遇見的第一位女人。只有隨著人格的不斷成熟，阿尼瑪的形象才會跟著改變，可悲的是，浦島太郎的阿尼瑪形象只有過短暫的變化。乙姬帶領他離開了母親，但這樣的阿尼瑪形象最終卻沒能固定下來，成為浦島太郎進入人際世界的橋梁。我們在許多故事裡都會讀到來自龍宮或天界的公主以身相許的劇情，但在浦島太郎傳說裡卻見不到。原因不是別的，原因就是浦島太郎的幼稚心理根本沒有接受另一半的打算。他的心理仍是個孩子，也永遠只想當個孩子。他的人際關係型態永恆地停留在母子關係中，因此平等的愛的關係（亦即夫妻關係／伴侶關係）根本無從發展起來。

未能發展的愛之能力

而一個沒有能力發展愛的關係的人，在本質上就不是一個完整而獨立的人。因為「愛」只會發生在兩個獨立的人身上。浦島太郎故事最終沒有發展出常見的愛情戲碼不是應當的嗎？愛源於人類追求完整的內在動力，自居於母親之子的浦島太郎從根本上閹割了這個動力。這樣的人只會變老，卻不會成熟。這不正是浦島太郎故事的結局？

放棄真實世界的結果，就是他被真實世界給放棄。他注定成為多餘的人，成為耗盡青春卻一事無成的人。乙姬留給他的錦盒成為了浦島太郎最後的考驗，那是發展父性原則的重要功課：守信與抵擋誘惑。但浦島太郎卻輕易地違背了兩人間的承諾，當他打開錦盒的那一刻，他成了白頭老翁。他辜負了潛意識補償錯誤態度的企圖，開盒的瞬間就是他全部生活態度的凝縮，他浪費了一生可能僅有一次的機會，因此傳說不再為他浪費筆墨，而是用高度的象徵手法來表現他已不需要再多費唇舌的生命態度。

只要浦島太郎不打開錦盒，他就能以奮進的少年之姿在現實世界裡開創屬於他的人生。但他的漫不經心及偷惰的動力是如此強大，他糟蹋了自己。故事的結尾，乙姬沒有再出現。現實的人生也是如此。我們只會有一次畢業典禮，只會有一次十八歲，時間是終極的稀缺，它從不偏愛任何人。他靈性的乾渴以及隨之而來的走向獨立的無能共同造成了他的命運。

《桃太郎》

比起浦島太郎在個體化之路的失敗，另一則著名的日本傳說《桃太郎》則明顯是它的對比。

故事概要

很久很久以前，一個偏僻的小村子裡住著一對老夫婦，老夫婦一直沒有孩子。有一天老爺爺上山去砍柴，而老奶奶在河邊洗衣服時，河邊漂來了一個大桃子，這桃子真大，老奶奶從來沒有見過這麼大的桃子。於是她向桃子說：「桃子啊！快點過來我這裡吧！」桃子像是有靈性似地，竟然就漂往老奶奶那裡去。「多好的桃子啊！」她很高興地帶著桃子回家，但怎麼也劈不開這桃子，只好等老爺爺回家後再切來吃。

老爺爺砍柴回來後見到了桃子，這麼大的桃子他也沒看過，於是他拿起了菜刀，一刀將桃子給劈成兩半。沒想到，桃子裡竟然蹦出一個健康的小男孩，夫婦兩人很高興，相信這一定是上天送給他們的禮物。因此便收留了他，將他取名為「桃太郎」，將桃太郎當成自己的孩子養大。

海外的鬼島住著許多妖怪，他們常會上岸來劫掠村莊，村民們都很害怕他們。桃太郎很能吃，長得很快，一下子就長大了。勇敢的他一心想要為民除害，就對老夫妻說想去鬼島打鬼。老夫妻雖然不願意讓小小年紀的他出門，但禁不住他的苦苦哀求，最後還是答應了。臨行前，老太太做了許多糯米糰子（吉備丸子）讓他當點心食用，於是桃太郎就上路了。

路上他遇到一隻小狗

吉備津彥神社
位於日本岡山的吉備津彥神社，祭拜吉備津彥大神。岡山是桃太郎傳說的發生地，因此桃太郎意象的商品相當繁多。

向自己跑來，牠請求桃太郎說：「桃太郎！桃太郎！我的肚子好餓，你能給我一個糰子嗎？」善良的桃太郎就將老奶奶做的糰子分了一個給牠，小狗很高興，「讓我當你的僕人，跟你一起去打妖怪吧！」於是他們兩人就一起結夥前進。不久後，又在山路上遇到一隻小猴子，牠對著桃太郎說：「桃太郎！桃太郎！我的肚子好餓，你能給我一個糰子嗎？」好心的桃太郎毫不猶豫地又分了一個糰子給牠，小猴子吃完糰子後，高興地對桃太郎說：「讓我當你的僕人，跟你一起去打妖怪吧！」於是他們三人繼續趕路，不久又遇到了一隻雉雞，雉雞飛向桃太郎，也跟他要了一個糰子。吃完糰子後的雉雞也願意成為他的僕人，跟他一起打妖怪。

他們四人就這樣來到了港口，找到了船渡海過去惡魔島。他們團結一心，將惡魔島上的妖怪們打得七零八落，消滅了全部的妖怪。桃太郎帶回許多被搶走的寶物回到村莊，受到村民的擁戴，從此過著幸福快樂的日子。

過度控制孩子的母親，會使孩子不敢做自己

桃子的顏色與形狀無不使人產生女性的聯想，因此桃子與河流都象徵著女性，桃

太郎就是一個順著陰性之流而誕生的孩子。撿到他的人是一個老婆婆，而且不論怎麼使力，都無法劈開桃子。用心理學的話來說，孕育桃太郎的陰性面向已經陰暗老舊而走向失靈，雖然她對桃子仍有指揮能力（因為桃子聽老婆婆的話而自己游了過來），卻無法使它內在更具創造力的生命誕生出來。在現實生活裡，過度控制孩子乃至依賴孩子來定義自己的母親，也會使孩子因為膽怯或內疚而不敢做自己。

而老頭子就象徵著新生人格在誕生時所需要的陽性能量，雖然老頭子的年紀暗示著他的陽性能量已然耗損，但桃子內的能量早已蓄勢待發，因此當他拿起菜刀猛力一劈時，就跳出了被他們稱做「桃太郎」的小男孩。

成癮意味著父性原則的缺乏

簡單比較一下浦島太郎故事就能知道，桃太郎傳說雖然同樣有著母子亂倫的意味，也就是意識遲遲無法自潛意識母體中脫離的意象（被困在桃子內的小男孩，從河流上被老太太拾回去的大桃子等），但老頭子的存在卻補足了意識在邁向獨立時所需的依靠，而這正是浦島太郎所缺乏的。易言之，傳說暗示著，成癮可能源於父親或父性原則的缺席與缺乏。同時也意味著成癮源於靈性需求的乾渴，因為比起離不開母親以及潛入海底龍宮的浦島太郎，孕育桃太郎的大桃子卻輕盈地漂浮在河面上。前者在面對母親／陰性心靈時是一個餵不飽的枯竭深井，後者卻顯得更安全、有自信。

桃太郎的誕生因此有了重要的寓意，它象徵著這個新生的人格因為有著足夠的安全感，從而成功地脫離了大桃子所象徵的子宮。他很能吃，長得很快。換句話說，桃太郎的意識高度嚮往著獨立，這確保了他再也沒有返回那個心靈亂倫的狀態尋求永恆的安全感。「吃」意味著吸取養分，也就是意識的高速擴展，孩子急著明瞭一切，學習一切，並對每個不懂的語詞追根究柢。為了進一步走向獨立，桃太郎甚至提出了打鬼的要求。日語中的「鬼」是長著角的人形怪物，很明顯地，這個似人非人的描述指的便是我們內心的「陰影」。

勇於離開父母的孩子，才是擁有安全感的孩子

陰影是與人格面具彼此對立的一組心理學概念。榮格用它來指稱那些在成長過程中被我們遺棄和反對的自身特質，至於「人格面具」則是由於社會化而被我們用來表現於外的行為標準和自我認同。妖怪從潛意識跨海而來，不定期地騷擾我們意識的人格面具，村民的無力反抗，肇因於既有人格的逐漸失靈。而前往孤懸海外的鬼島去打

鬼，便象徵著桃太郎試圖深入潛意識大海中的黑暗。旁人避之唯恐不及的事，在桃太郎眼裡卻充滿價值。這是桃太郎的人格穩定成熟的證明。

那些勇於離開父母前去追求所愛的孩子往往是擁有真實自信的孩子。他們是心理學大師佛洛姆說的那些同時得到了「乳」與「蜜」的孩子，也就是生理跟心理上都有足夠安全感的孩子。他們知道自己是「好」的，一如上帝在創造世界的每一天時所說的結尾一樣，「那是好的。」易言之，是他主動迎向了黑暗，走向個體化，探訪心靈深處的冒險與寶藏。

這樣的孩子清楚知道自己的「天命」，打鬼是他的人生目標。他的母親並沒有因為兒子堅決獨立而懲罰他，一如許多患有精神官能症的母親那樣，為了兒子小小的反抗之舉而崩潰咒罵。老婆婆為他準備了許多糰子讓他帶在路上，這些糰子象徵著母親的祝福與愛，而桃太郎不僅接受了它，更重要地，他還能將之分享出去。也就是說，桃太郎成功地成為了自己的母親，他能接受愛也給予愛，哪怕是與自己不同種群的生物，而這正是成長之路的第一個考驗。

在打鬼路上他遇到了三位夥伴，他們分別是狗、猴子與雉雞，這些夥伴都對桃太郎提出同樣的要求：請給我一個糰子。這個新生的人格（也就是桃太郎）沒有拒絕他們的請求，這正說明他很清楚成長的意義。成長意味著整合，意味著提起勇氣發展那些我原本陌生的面向。正是在這點上，桃太郎選擇了前進，浦島太郎則選擇了退轉。

三隻動物們的討要，一方面說明桃太郎內在的飢渴，一方面則表示動物們認為接受餵養是自己應得的權利。分享糰子這件事因而表明了每種心理功能或人格面向都需要我們持續地關注，因為它們是我的一部分，它們有權受到注意，有權被愛餵養。

桃太郎的動物夥伴：與本能的有益結合

從地上跑的小狗、樹上爬的猴子，到凌空飛翔的雉雞，這些動物的出現順序更象徵了桃太郎個體化之路的成就，與這些動物性本能的結合不僅沒有使他淪落，反而使他更感自在輕鬆，桃太郎的自我日漸輕盈。而終於他橫渡了大海來到鬼島，他和伙伴們一起將鬼打倒，帶回了許多寶藏。易言之，桃太郎充分地展現了自己的父性原則，他透過個人的努力與伙伴的幫助開展自己的潛能，成就了屬於自己的舞台。這也是作為龍宮客人的浦島太郎所缺乏的。相比於從大海深處帶回許多寶藏的桃太郎，浦島太郎的龍宮之行除了一個錦盒外什麼也沒帶回來。

不是由自己爭取來的東西永遠不會屬於自己，這是浦島太郎未能從乙姫處拿到有意義贈禮的原因。他需要的不是禮物，而是功課。一份他早該著手進行，卻視而不見的功課。如果他能守諾，能明白自律與自制是人走向個體化、走向整合的重要憑藉，他或許就不會輕易地打開盒子。但他不明白，因為他自始至終都是自己人生的過客，他選擇了被動，遺棄了自己。但成長是不會等人的，我們或者迎著浪頭趕上，或者被浪頭吞沒。每當我思考著那些網路成癮/拒學的孩子時，我都深刻感受到與父母同等的憂心。他們的人生最後走向了哪裡呢？

結語

這是一篇探討網路成癮/拒學現象的文章，我試圖用深度心理學的角度來理解網路成癮/拒學背後的潛意識動力。文中所提到的母親/母性，指的並不全是當事人真正的生身母親，而是我們固有的內在母親面向。同理，我所提的父親/父性也是如此，它們指的是我們內在的父親面向。

真實的父母與我們內在的父親/母親面向有著什麼樣的關係呢？這點是說不清的。一方面它確實源於我們與真實父母的互動經驗，另一方面它也源於我們自身本有的特質與傾向。希望讀者不要用這種方式來錯誤地歸責這類家庭的父母，而身處網路成癮/拒學問題的父母更不要因此自責才好。

教養是一件極其困難的事，每個人都是從當了父母後才開始學習當父母的。由於每個人的稟賦及成長經驗天差地別，因此在教養上所形成的互動模式也不可勝數。所以並沒有什麼一致的方法或統一的技術可用以直接改善我們在教養時所遇到的困境。從榮格心理學的角度來說，網路成癮／拒學的治療可以訴諸藝術治療／沙遊的方式，其他取向的學派也有各自獨到的觀點，礙於文章長度不再敘明，有需要的讀者們可就近尋求其他專業工作者的協助。而在此類問題的治療歷程中，父母親的參與也是相當重要的，特別是父親，要注意不要把教養的責任完全丟給母親，正如我在文中提過的，父親的缺席（父性原則的缺乏）可能與此問題有千絲萬縷的聯繫。而父母親自己又怎麼看待藝術、宗教或者家族歷史的呢？一個未能從這些地方得到滿足的孩子會耽溺於遊戲或網路的無邊際吸引力裡，難道不是很正常的嗎？

另外，熟悉個體化議題的讀者或專家可能會發現我在文章裡只提了個體化的前半部工作，也就是獲得生／心理的獨立地位；至於個體化的後半段：尋求更深的、向內的整合則很少或沒有述及。那是因為這兩則傳說的男主角一個是個體化早期即已失敗的青年人或中年人（浦島太郎），另一個則顯然是一位青少年（桃太郎），他們的發展歷程還未及於此。

（上集完）

台灣深度心理學社群推薦

一、深度心理學專業學會	二、深度心理學專業臉書社群
1、臺灣精神分析學會	1、榮格人文講堂：給大人的心理學
2、臺灣榮格發展小組（學會籌備中）	2、榮格讀書會
3、木水榮格文化事業	3、玩具心世界
4、台灣沙遊治療學會	4、沙遊治療同好交流社團
	5、薩所羅蘭：走向潛意識的所在

上集圖片出處

p026 河合隼雄：引用自台灣雲端書庫
p102、103、107、108、113、115、118、128、136 小王子©Little Prince
p149 彼得潘雕像©Amanda Slater
p199 吉備津彥神社©Reggaeman，Wikimedia Commons CC BY 3.0

故事裡的心理學—上 潛意識與永恆少年

出　　版／楓樹林出版事業有限公司
地　　址／新北市板橋區信義路163巷3號10樓
郵政劃撥／19907596 楓書坊文化出版社
網　　址／www.maplebook.com.tw
電　　話／02-2957-6096
傳　　真／02-2957-6435
作　　者／鐘穎
企劃編輯／陳依萱
書封設計／許晉維
書封插畫／Jody Tseng
校　　對／黃薇霓
港澳經銷／泛華發行代理有限公司
定　　價／320元
出版日期／2021年1月

國家圖書館出版品預行編目資料

故事裡的心理學. 上, 潛意識與永恆少年 /
鐘穎作. -- 初版. -- 新北市：楓樹林,,
2021.01 面； 公分

ISBN 978-957-9501-94-1（平裝）

1. 心理學 2. 通俗作品

170　　109015567